|旅游管理前沿|

中国旅游税收理论与税制改革问题研究

高凌江 ○ 著

A RESEARCH ON TOURISM TAXATION THEORY AND
TAX SYSTEM REFORM IN CHINA

北京·旅游教育出版社

前　言

随着经济的发展、人民生活水平的提高、带薪假期增多以及现代交通工具的普及,我国旅游业进入了新的发展时期。旅游人数和规模迅速膨胀,对旅游消费质量和数量的需求迅速增加,旅游业一片繁荣,但由此产生的环境污染、生态破坏、资源浪费、经济发展不平衡等外部不经济现象日益严重,制约了旅游业健康可持续发展。因此,如何充分利用税收杠杆功能,针对旅游活动设计不同的旅游税种、税率,以规范旅游市场,增强政府对旅游市场的宏观调控,加强对游客行为的引导和调节,成为新的研究课题。

本书对旅游税收等相关概念进行界定,并根据税收参与旅游业分配的性质,把旅游税收分为一般旅游税收和特别旅游税收两大类。在对国内外相关研究文献进行系统梳理的基础上,用公共产品理论和外部性理论解释了对旅游业征税的理论原因,税收原则理论解释了应该如何对旅游业征税,旅游税收理论解释了对旅游业征税的影响。通过对欧盟国家、日本、韩国、新加坡及中国台湾和香港地区等国家和地区的旅游税收状况进行系统研究,总结、归纳旅游税收的国际经验。接着系统研究了中国旅游税收的基本状况及存在的问题。希望在借鉴国际经验的基础上,为相应的旅游税制改革建言。

改革调整的思路:首先,在新一轮税制改革中进行一般的旅游税制改革。其次,开征新的旅游税种,完善旅游税收体系。然后,建立市内免税店,完善旅游购物免税店体系。最后,建立入境游客旅游购物退税制度,提升旅游消费水平。为了体现政策公平,在经济欠发达和边疆地区建立边境自由旅游贸易区。建立完善的旅游税收体系,充分发挥税收的功能,实现旅游经济又好又快地发展,这对于在当前国际经济危机严重、国内需求不足的环境下,进一步贯彻落实科学发展观,促进旅游产业健康发展,有着极其重要的理论与现实意义。

总之,旅游税收理论与税制改革问题是一个较新的课题,前期研究文献较少,但涉及的问题较多。虽然已经为此付出了巨大的努力,但最终成果可能还有许多问题研究不充分,甚至是错误的地方,敬请学界同人多提宝贵意见。

高凌江

2014 年 3 月

目 录

1 绪 论 ·· 1
　1.1 研究背景 ·· 1
　1.2 研究意义 ·· 3
　1.3 研究问题的界定 ··· 4
　1.4 研究内容和方法 ··· 6
　1.5 主要创新之处 ·· 8

2 国内外文献回顾 ·· 9
　2.1 国外旅游税收研究文献回顾 ······································· 9
　　2.1.1 旅游税收理论研究 ··· 9
　　2.1.2 旅游税收的效应研究 ··· 11
　　2.1.3 旅游环境税或旅游生态税研究 ···························· 13
　　2.1.4 酒店房间税的相关研究 ······································ 14
　2.2 国内旅游相关税收研究文献回顾 ······························· 17
　　2.2.1 旅游业税制改革与完善问题研究 ························· 17
　　2.2.2 入境游客旅游购物退税问题研究 ························· 18
　　2.2.3 旅游业税收测算研究 ··· 20
　　2.2.4 旅游生态税收问题研究 ······································ 20

3 旅游税收的理论基础 ·· 22
　3.1 公共产品或服务理论 ·· 22
　　3.1.1 公共产品或服务概念、特征及分类 ······················· 22

3.1.2 公共产品或服务需求和配置效率 ………………………… 23
3.1.3 旅游业具有公共产品或服务的特征 ………………………… 24
3.2 外部性理论 ………………………………………………………… 26
3.2.1 外部性概念、分类及解决办法 ………………………… 26
3.2.2 旅游业的外部性理论分析 ………………………… 27
3.3 税收原则理论 ………………………………………………………… 31
3.3.1 税收公平原则 ………………………………………… 32
3.3.2 税收效率原则 ………………………………………… 33
3.3.3 税收法制原则 ………………………………………… 34
3.4 Gooroochurn 旅游税收理论 ……………………………………… 36
3.4.1 效率效应 ……………………………………………… 36
3.4.2 再分配效应 ……………………………………………… 39
3.5 对旅游征税的主要争论 …………………………………………… 42

4 旅游税收的国际经验借鉴 ………………………………………… 44
4.1 世界各国旅游税收基本状况 …………………………………… 44
4.1.1 通过一般税收对旅游行业征税 ………………………… 47
4.1.2 对旅游行为直接征收旅游税 ………………………… 48
4.1.3 各国普遍征收酒店房间税 ………………………… 49
4.2 入境游客购物退税制度 …………………………………………… 52
4.2.1 入境游客购物退税的基本条件 ………………………… 53
4.2.2 购物最低限额、退税率和退税商品限制 ………………… 53
4.2.3 入境游客购物退税模式与程序 ………………………… 56
4.2.4 小结 …………………………………………………… 57
4.3 旅客购物离岛免税政策 …………………………………………… 58
4.3.1 韩国济州"离岛免税"政策 ………………………… 58
4.3.2 日本冲绳"离岛免税"政策 ………………………… 59
4.3.3 中国台湾"离岛免税"政策 ………………………… 60

  4.3.4 小结 61
 4.4 旅游购物免税店体系 62
  4.4.1 世界免税业整体市场情况 63
  4.4.2 韩国市内免税店政策 63
  4.4.3 澳大利亚市内免税店政策 65
  4.4.4 小结 66
 4.5 国际经验借鉴与启示 66
  4.5.1 建立科学合理的旅游税收理念 66
  4.5.2 实行抵押税促进旅游产业发展 67
  4.5.3 世界旅游税制中增值税受青睐 67
  4.5.4 生态旅游税收逐渐受到重视 67
  4.5.5 实行外国旅游者退税和免税制度 68

5 我国旅游税费制度现状及存在的问题 69
 5.1 我国一般旅游税收制度的现状 69
 5.2 我国旅游收费制度和税收优惠政策状况 73
  5.2.1 机场建设费、旅游发展基金和燃油附加费 73
  5.2.2 试办国家旅游度假区的税收优惠 74
  5.2.3 西部大开发中旅游景点和景区经营税收优惠 75
 5.3 我国旅游购物免税店体系状况 76
 5.4 境外旅客购物退税政策 78
 5.5 我国旅游税费制度存在的主要问题 80
  5.5.1 重复征税严重和直接针对旅游的税收优惠少 80
  5.5.2 旅游业中费挤税问题严重 81
  5.5.3 旅游业税收征管难度大 81
  5.5.4 旅游购物免税店体系不健全 81
  5.5.5 入境游客购物退税制度不完善 82
  5.5.6 我国生态旅游税收政策缺失 83

6 我国旅游税收改革的政策建议 ····· 86
6.1 在新一轮税制改革中完善一般旅游税制 ····· 86
6.1.1 "营改增"中，进一步完善旅游税收 ····· 86
6.1.2 完善旅游企业和从业人员所得税制度 ····· 88
6.1.3 尽快开征环境税，建立生态旅游税收制度 ····· 88
6.2 开征旅游税，完善旅游税制 ····· 89
6.2.1 开征旅游税的影响 ····· 90
6.2.2 旅游税基本要素的界定 ····· 90
6.2.3 开征出境旅游税和房间税 ····· 92
6.3 完善市内免税店，健全免税店体系 ····· 94
6.3.1 完善市内免税店的意义 ····· 94
6.3.2 进一步完善市内免税店的思路 ····· 96
6.4 优化入境游客旅游购物退税制度 ····· 98
6.4.1 优化入境游客购物退税制度思路 ····· 99
6.4.2 健全入境游客购物退税配套制度 ····· 102
6.5 建立边境自由旅游贸易区 ····· 103

7 结论与展望 ····· 105
7.1 主要研究成果 ····· 105
7.2 研究不足与展望 ····· 106

主要参考文献 ····· 107
附录　旅游税收相关政策文件汇编 ····· 117
后　记 ····· 158

1 绪 论

1.1 研究背景

当前,世界经济有所增长,但持续低位运行,国际贸易受欧洲债务危机影响,进出口市场呈现萎靡之势,国际金融市场动荡难平,贸易保护主义抬头,国际经济形势不确定、不稳定因素增多。美国经济复苏乏力,欧洲债务危机不断加剧,日本经济增速将放缓,新兴市场和发展中国家经济放缓的趋势仍将持续。[①]

然而,作为全球经济一部分的中国经济,其发展中的不平衡、不协调、不可持续的深层次矛盾和问题仍未得到彻底解决。

首先,经济增长面临的下行压力在加大。受全球经济增速放缓因素的影响,外需市场明显萎缩,对经济拉动效力减弱。拉动消费需求的政策效应递减,城乡收入分配两极分化严重,整体居民消费稳中趋缓,尚未形成新的消费热点。

其次,经济结构调整任务艰巨。农业生产基础仍然薄弱,农产品生产不稳定,持续增长难度较大;节能减排长效机制尚不健全,"高污染、高能耗"行业扩张依然偏快;促进战略性新兴产业和现代服务业的发展、抑制高耗能产业、培育创新驱动机制仍面临制约。

最后,推动物价上涨的因素仍然较多。虽然受2012年需求拉动以及2011

---

① 2012年世界经济形势回顾与展望,http://www.qstheory.cn/.

年物价翘尾因素影响,物价有所下降,但成本推动型物价上涨的压力短期内不会改变,抑制农产品价格周期性波动的机制尚未形成,原油等国际市场大宗商品价格走势受地缘政治的影响,存在较大不确定性,加上全球流动性过剩,输入性压力将一直存在。

此外,部分企业特别是中小企业和外贸企业,生产经营面临困难,失业压力有所上升,就业不充分与结构性矛盾并存局面更加复杂,经济金融领域面临着潜在重大风险。①

面对复杂多变的国外经济形势和国内经济社会发展中存在的各种问题,党中央、国务院确定以科学发展为主题,不断加快推进经济结构调整,促进经济增长方式转变的发展思路。然而,服务业在推进经济结构调整,促进经济增长方式转变和增强综合实力方面越来越重要。

旅游服务业是个综合性产业,关联性很强,涉及交通运输仓储和邮政业、信息传输业、批发零售业、住宿餐饮业、居民服务业、文化体育和娱乐业以及金融、房产等服务业中的大部分门类。因此,大力发展旅游业在提升服务业总体水平、调整产业结构、增加社会就业、扩大消费和投资需求、改善投资环境、丰富文化生活、推动社会事业进步等方面都具有独特的作用。而且,随着国际经济的发展及我国经济结构战略性调整力度加大,旅游业在服务业中的地位将继续不断上升。

从总体上看,我国的旅游业发展取得了很大的进步,但我国旅游业发展环境中的不确定因素和产业内部长期积累的一些深层次矛盾和问题,日益成为制约旅游业发展的关键因素。尤其是近年来,旅游业的外部不经济现象越来越引起多方的注意。例如旅游资源被大量浪费、破坏,旅游目的地交通拥堵、环境污染等问题越来越严重。如故宫地面金砖被游客踏出凹坑、敦煌莫高窟壁画受游客呼吸时呼出的二氧化碳影响而变色等。因此,在国内外大的环境以及党中央提出经济工作总体要求的背景下提出了这一研究问题。

---

① 李桑田.2012年中国宏观经济形势的分析预测,http://business.sohu.com/.

1.2 研究意义

旅游业是劳动密集型产业,但旅游业发展前期需要的资金投入量大且以基础设施为主,同时在资源和设施的保护修缮、人员的培训方面还需要不断追加资金。另外,政府对旅游经济的宏观调控,也需要有一定的财力来支撑。

然而,随着旅游业的不断向前发展,政府的财力紧张,完全依靠国家解决旅游业发展所需资金是不现实的。因此,为适应当前对旅游发展水平的要求,缓解政府对旅游投资的经济压力,通过开征旅游税的方式,增加财政收入,为旅游建设筹措资金,就显得非常必要。①

而且,随着经济的发展,人民生活水平的提高、带薪假期的增多,以及现代交通工具的普及,我国旅游业进入了新的发展时期。旅游人数和规模迅速膨胀,对旅游消费质量和数量的需求迅速增加,旅游业一片繁荣,但由此产生的环境污染、生态破坏、资源浪费、经济发展不平衡等外部不经济现象日益严重,制约了旅游业健康可持续发展。因此如何充分利用税收杠杆功能,针对旅游活动设计不同的旅游税种、税率,以规范旅游市场,增强政府对旅游市场的宏观调控,加强对游客行为的引导和调节,成为新的研究课题。

旅游税收是国家参与旅游业收入分配的重要形式。它直接影响着游客、旅游企业和政府之间的利益分配。自20世纪90年代美、法、俄等国家相继开征旅游税以来,旅游业税收问题已经引起各国的高度重视,对旅游税收的研究也日益深入。前人研究表明,旅游税收可以解决外部性问题,其中包括缓解交通拥堵和环境退化(Sinclair and Stabler,1997)。

税收是旅游经济系统中的重要组成部分,对一个国家旅游业的健康发展至关重要。科学的旅游税收结构和制度,适度的旅游税收水平,合理的旅游税收政策,可以有效提高经济效率,引导旅游资源优化配置,推动经济增长和产业升级,有利于公平分配,缩小居民收入差距,促进充分就业和社会稳定。因此研究

---

① 刘邓,李莎. 对旅游业开征旅游税的刍议[J]. 市场周刊. 理论研究,2006(11):150-152.

这一问题具有非常重要的意义。

1.3 研究问题的界定

为了避免在研究过程中概念的混淆,在这里对旅游税、旅游税收、出境旅游税、旅游税收制度等几个相关概念进行界定。

1. 旅游税

关于旅游税的概念界定国内学术界看法不一。邢剑华(2007)认为旅游税本质上是一个税种,其概念主要是从纳税人和课税对象出发来定义的,是指由旅游目的地国家向前来旅游的外国旅游者就其在本国的旅游行为所征收的一种税金。将旅游者定义为旅游税的纳税人更符合旅游行为的特点,也更能体现出旅游税和一般税种的区别。马衍伟、商庆军(2005)认为旅游税主要是指由旅游目的地国家向来访的外国旅游者征收的税金。广义上也可以指国家在正常税收之外向旅游企业征收的旅游管理费。这样旅游税的征收对象从广义上来讲,不单包括旅游者,还包括旅游企业。二者区别在于纳税主体不同。

刘承达(2009)赞同马衍伟、商庆军的观点,他认为旅游税是指由旅游目的地向来访的外来旅游者就其在当地的旅游行为所征收的税金以及旅游企业在国家正常税收范围之外为维护旅游的持续发展所交纳的旅游附加税。因为征收旅游税的目的主要是促进旅游协调有序的发展,实现资源的永续利用,所以旅游环境跟旅游企业和旅游者之间的关系是同等重要的。要实现这个目标,单从旅游者方面去考虑,是远远不够的。

通过国外文献梳理发现,国外学者提出旅游税概念较早。在英文表达上主要使用了"tourist tax""travel tax"或者是"special tourism tax"等词汇。但由于各个国家对旅游者的旅游行为征税的方式不同(可以直接向旅游者征税,也可以通过旅游企业对旅游者的旅游行为征税),因此其所表达的具体内容是不相同的,有的国家指的是床位过夜税或者是签证费或旅游许可证费,而有的国家则指的是过境税或者是飞机燃油税。虽然可能纳税人不同,但都是以旅游者的旅游行为作为征税对象的,它区别于对旅游征收的一般税收,如增值税、销售税、所得税等。

笔者认为旅游税是指在不同的环节通过不同方式对旅游者的旅游行为所征收的税或者收取使用费,区别于对旅游征收的一般税收如进口关税、利润和销售税及增值税等,和 Nishaal Gooroochurn and M. Thea Sinclair(2003)提出的特别旅游税类似。

2. 旅游税收

旅游税收或称旅游业税收(国外常见的表达有 tourism taxation, tourism tax or taxes)是个集合概念,因此从外延上对其定义更符合实际情况。Ramesh Durbarry and M. Thea Sinclair(1999)认为旅游税收主要包括两类:一类是一般税收,这类税收与其他经济领域征税没有区别,只是针对旅游业征收的,如营业税、所得税、进口关税、销售税及增值税等;另一类是对特定旅游行为征收的税,我们称为旅游税,如酒店和餐馆税、博彩税、机场税、签证费及到达和出发税等。目前,对旅游业征收的增值税是一些欧洲国家旅游税收中很重要的一部分。旅游税是旅游税收的一部分,它与旅游税收既有联系又有区别。

3. 出境旅游税

邢剑华(2007)认为出境旅游税是针对本国居民出境旅游征收的税金,而旅游税主要是针对外国旅游者进入本国旅游而征收的。两者完全不同,也不存在交集。国家征收出境旅游税主要旨在有效控制公民出境旅游所带来的外汇流失。例如印尼政府为节省外汇,限制自费出国旅游的人数,对出境游客征收高达 100 万印尼盾的出境旅游税(约折合人民币 1000 元)。但也有个别国家如原伊拉克萨达姆政府,为了限制公民与外界的接触,对出国旅游的公民征收高达 200 美元左右的出境旅游税。[①] 国内一些学者(如戴学锋,2004)从外汇角度就我国开征出境旅游税进行了相关的讨论。

本书所指旅游税是指通过不同方式或在不同的环节对旅游者的旅游行为征收的税或者收取使用费,区别于对旅游征收的一般税收。其具有更广泛的内涵,是对入境旅游者、出境旅游者和国内旅游者的旅游行为所征税的统称,因此

---

① 邢剑华.旅游税规范研究初探[J].桂林旅游高等专科学校学报,2007(2):268-271.

出境旅游税只是旅游税的一个税种。

4. 旅游税制

旅游税制,即旅游税收制度,是旅游税收分配活动中征纳双方所应该遵守的行为规范总和。旅游税收制度的内容包括旅游税税种的设计、各个税种的具体内容,如征税对象、纳税人、税率、纳税环节、纳税期限、违章处理等。广义的旅游税收制度还包括税收管理制度和税收征收管理制度。旅游税制与旅游税收有所区别,但区别不大,旅游税收制度更多地强调行为规范关系,而旅游税收则指与旅游相关的税收种类。若不严格区分,有时可以通用。

通过对不同国家或地区的税收制度进行考察,发现不同的国家或地区实行着不同的旅游税收制度。有的国家为了促进旅游稳定发展而开征专门的旅游税税种,如新加坡等;而我国则没有专门的旅游税税种。由于国家不同,实行的旅游税收制度也不一样(葛夕良,2008)。营业税是我国对旅游业征收的主要流转税,西方大多数发达国家对旅游业征收的是增值税和公司税,而在美国对旅游业主要征消费税。国外的旅游税收制度主要是对旅游企业和游客这两类纳税人通过一般征税制度和开征特殊类型的旅游税税种进行征收。

1.4 研究内容和方法

1. 研究内容

本书以公共产品理论、外部性理论、税收原则及旅游税收理论为基础,通过对国外旅游税收的经验借鉴,研究中国旅游税收的基本状况及存在的问题,以期为相应的旅游税制改革建言献策,使之充分发挥税收功能,实现旅游经济又好又快地协调发展。全文共分7章:

第一章为绪论。该章系统地介绍了本书的国际与国内背景,并结合我国经济社会发展的实际情况,阐述了本研究的理论与现实意义。介绍了本书将采用的主要研究方法以及研究的思路、框架和主要内容,为了避免概念混淆,对研究所涉及的相关概念进行了界定。

第二章是国内外相关研究文献综述。该章客观地分析了前人在本课题研究方面已有的论述,指出其贡献和不足,从而确立本书的研究起点。主要包括国外(旅游税收理论研究、旅游税收效应研究、旅游环境税或旅游生态税研究、酒店房间税的相关研究)和国内(旅游业税制改革与完善问题研究、入境游客旅游购物退税问题研究、旅游业税收测算研究、旅游生态税收问题研究)文献研究。

第三章是本书的理论基础。这一章是以下各章研究问题、分析问题的思想框架。本章公共产品理论和外部性理论解释了对旅游业征税的理论原因,税收原则理论解释了应该如何对旅游业征税,旅游税收理论解释了对旅游业征税的影响,而旅游业在各个国家所处的发展阶段不一样,在经济结构中的地位和作用不同,不同专家学者处在不同的分析角度,对旅游业征税持有不同的观点,这些理论观点为我们从不同角度分析问题奠定了坚实的理论基础。

第四章是旅游税收的国际经验借鉴。这一章主要以美国、欧盟国家及日本、新加坡、韩国和中国台湾、香港地区等为研究对象,通过对这些国家或地区的旅游税收状况进行系统研究,总结、归纳出这些国家或地区旅游税收的国际经验,以期为我国旅游税收改革提供借鉴与启示。

第五章至第六章主要研究中国旅游税收的现状和存在的主要问题。在这两章,主要通过理论与实证相结合的方法,研究中国旅游税收的演进过程及未来的走势,采用定性研究方法对目前中国旅游税收进行系统研究,并以此为基础,为相应的旅游税制改革建言。本书对其改革调整的具体思路有以下建议:首先,在新一轮税制改革中进行一般的旅游税制改革。其次,开征新的旅游税种,完善旅游税收体系。然后,建立市内免税店,完善旅游购物免税店体系。最后,建立入境游客旅游购物退税制度,提升旅游消费水平。为了体现政策公平,在经济欠发达和边疆地区建立边境自由旅游贸易区。建立完善的旅游税收体系,充分发挥税收的功能,实现旅游经济又好又快地发展。

第七章,作者总结了本研究所取得的主要成果及研究的不足之处,并对值得深入研究的几个问题进行了展望。

2. 主要研究方法

本书的研究秉持以经济理论、公共管理理论以及财税理论为指导,以解决现实问题为目的的原则,紧密结合中国旅游税收的现实,对中国旅游税收问题进行系统研究。作者根据这一研究问题,采用理论与实际相结合、实证分析与规范分析相结合、国际经验借鉴与国内经验总结相结合、横向比较和纵向比较相结合的研究方法,并运用调查、归纳、比较、演绎等多种研究资料的采集方法。在研究资料的分析处理中采用了多种分析方法,力求得出有价值的研究成果。

1.5 主要创新之处

近年来,国内对于旅游税收问题的研究文献资料较少,并且已有文献资料的研究大部分都是关于旅游购物退税及旅游税收效应等方面的研究。而对旅游税收问题进行的系统研究较少,只把旅游税收作为政府获得收入的来源来看,没有把旅游税收看作是促进旅游产业发展的有力工具,能够规范旅游产业的发展,很好地解决旅游外部性问题。因此,本书与国内同类研究相比,其特色与创新之处在于:

1. 从研究视角来看,本书以国外与国内的比较为视角,通过对国际上其他国家在旅游产业发展中取得的经验和教训进行研究,并与我国旅游产业发展的阶段进行比较,找到我国旅游税收发展中存在的问题,并以此为基础提出改革我国旅游税制的对策建议。

2. 从研究内容来看,本书以公共产品理论、外部性理论、税收原则理论及旅游税收理论等为基础,系统地解释了对旅游业征税的原因,应该如何对旅游业征税以及对旅游业征税的影响,为研究旅游税收问题奠定了坚实的理论基础。

3. 从研究方法来看,本书研究使用了多种研究手段,既有定性研究又有案例研究,并在研究过程中广泛使用逻辑推理,使得论证更加充分、系统。对国外文献进行了全面的整理,资料丰富,使研究更加贴近实际,研究结果更准确,得出的结论更有说服力。

2 国内外文献回顾

旅游业是综合性强、关联度高、能够吸纳大量劳动力的产业,它具有明显的直接或间接产业链带动效应。大力发展旅游业,有利于提升服务业总体水平,调整产业结构,扩大消费和投资需求,改善投资环境,丰富文化生活,推动社会事业进步等。总之,随着国际经济形势的发展变化以及我国经济结构战略性调整力度的加大,旅游业在现代服务业中的地位将继续不断上升。

旅游业税收是国家参与旅游业收入分配的重要形式。它直接影响着旅游者、旅游企业和政府之间的利益分配。随着世界旅游业的不断发展,旅游业税收问题已经引起各国的高度重视,对它的研究也日益深入。世界旅游组织、世界旅行和旅游理事会、国际航空运输协会等国际组织都设有专门的机构研究处理旅游业税收问题。因此,系统梳理旅游业税收的相关研究文献,有利于了解和把握旅游业税收的相关经济问题,为政策制定者等提供决策参考,便于其为促进我国旅游业的健康发展制定出合理的政策。

2.1 国外旅游税收研究文献回顾

2.1.1 旅游税收理论研究

从已有文献来看,研究旅游业课税的理论的资料相对较少,仅有 Copeland(1991)、Bird(1992)、Clarke 和 Ng(1993)、世界旅游组织(1998)、Chen 和 Devereux(1999)、Blake(2000)、Forsyth 和 Dwyer(2002)、Jensen 和 Wanhill(2002)、

Nishaal Gooroochurn(2004)等对旅游税收理论进行过相关的研究。

Copeland(1991)以及 Chen 和 Devereux(1999)对旅游税收进行了重要的规范分析。但是这些文章所关注的大都是如何扩大旅游部门。Copeland(1991)发现当存在国内旅游税时,对旅游部门进行扩张更加有利,而 Chen 和 Devereux(1999)则认为当存在进口关税和出口补贴制度时进行旅游扩张更有利。

虽然 Bird(1992)、Forsyth 和 Dwyer(2002)的文章中没有规范的模型,但是对旅游业课税的定义提供了重要的见解。Bird(1992)则详细说明了设计最优旅游税的限制,并回顾了发展中国家对旅游业征税所用的财政手段。Forsyth 和 Dwyer(2002)说明了国家如何利用市场支配力从旅游业中攫取最大租金,Clarke 和 Ng(1993)在分析对旅游业征税与福利的关系时给出了规范的模型。①

而对旅游课税的大部分经验研究都是在部分均衡框架下进行的,即分析课税范围和旅游需求的效应。有少数研究使用可计算一般均衡模型分析旅游(如 Adams & Parmenter,1995),但他们没有研究旅游部门的税收问题。例外的是 Blake(2000)、Jensen 和 Wanhill(2002)以及 Nishaal Gooroochurn(2004)在一般均衡的框架下对旅游税收问题进行了相关研究。

Blake(2000)使用可计算一般均衡模型评价旅游业税收对西班牙经济的影响。Jensen and Wanhill(2002)使用一个区域间投入产出模型研究降低增值税对丹麦不同地区的经济影响。这两个研究超越需求分析和探讨对经济中所有部门的影响,同时考虑各个部门之间的相互关系。他们公布了对国内生产总值、总消费和旅游消费、投资、贸易平衡和福利的影响但这些是不可能在一个局部均衡的分析框架下能够实现的,因为局部均衡框架更侧重于被征税部门的需求和税收归宿的影响。

Nishaal Gooroochurn(2004)使用改进的简单国际贸易一般均衡模型,对旅游税收进行进一步研究,研究结论表明:对旅游业征税可以增加或减少经济福利取决于目的地市场的程度。然而,从社会的角度来看,对旅游业征税可以实现福利的改进。由于旅游业迅速增长的外部性可以内部化,因此,一个社会而

---

① 高宇轩.我国的旅游税收问题及其管理对策的初步研究[D].南京师范大学硕士论文,2003.

不是一个私人的最佳选择是继续通过征税来保证旅游业的可持续发展。但是，从政治经济学的观点看，实际的税收政策可能不会提高他们的福利，是因为在很大程度上取决于目的地政治制度和权力关系。

世界旅游组织(1998)则从概念、类型、影响、发展趋势以及案例等方面对世界范围内的旅游业税收做了全面总结性的分析介绍。研究发现：旅游部门与以前相比增加了许多新的税种或提高了税率，但这种做法的税收收入增加效应却不明显，甚至是减少了税收收入。对旅游业征税，将减少旅游企业就业岗位，影响小旅游企业的经营；对游客直接征收的税收在一定程度上难以确定，而且游客对所纳税收知之不多；仅从筹集税收收入的角度对旅游业征税，将严重影响解除外汇限制等旅游自由化进程的推进；在更多的情况下，政府将旅游业税收收入不是用于旅游部门投资等，而是用于其他行业和部门。

另外，Mara Manente & Michele Zanette(2010)通过一个跨区域、跨部门的投入—产出模型就意大利的酒店和餐饮部门把增值税率从10%降至5%的财政措施对经济的影响进行了检验。研究表明：在宏观经济影响方面，酒店和餐饮部门及该地区增加了近10万个就业机会。旅游需求弹性为-1.06和供给弹性为2.0，旅游过夜人数增加3.15%，旅游总消费增加4.4%，而该部门的固定资产投资总额将增加2.17%。

2.1.2 旅游税收的效应研究

随着旅游业正被世界各地政府作为增加财政收入的主要来源，一些人开始着手研究旅游业税收的效应。过去的文献包括了一些旅游业税收对目的地福利的影响研究，但这些成果经常有争议(Bird,1992;Clark & Ng,1993;Dimanche,2003;Forsyth & Dwyer,2002;Gago, Labandeira, Picos & Rodriguez,2009;Levine,2003;Litvin, Crotts, Blackwell & Styles,2006;Mak,1988;Mayor & Tol,2007;Nowak,Sali & Sgro, 2003;Palmer & Riera 2003;Palmer - Tous, Riera - Font & Rossell'o-Nadal,2007;Piga,2003)。

Gooroochurn and Sinclair(2003)在局部均衡的分析框架下分固定和可变价格两种情况探讨了旅游业税收对旅游目的地国家居民福利的影响。分析结果表明:与高税收会导致无谓损失不同,增加旅游业税收会提高福利。同时发现,在总需求中,旅游需求的比例越高,旅游需求相对于国内需求越缺乏弹性,将获得更高的福利。同时,他们发现在毛里求斯对旅游业征税比对其他行业征税更有效率和更加有利于公平。

然而,Gössling,Peeters,Ceron and Dubois(2005)认为,目的地对旅游业征收生态税可能遭受福利损失。同样,Jensen and Wanhill(2002)表明,近年来全世界都在增加旅游税收数量和税率不利于福利的改进。因为目的地政府似乎考虑把旅游税作为"容易获得的钱",使他们偏离经济理性。

根据Feldstein(1972)模型,对旅游业征税有利于改善收入分配,因为旅游产品一般是奢侈产品,能够满足高收入阶层的消费需求。确定对不同部门征税的相对分配的效应因素是非常复杂的,然而,Mieszkowski(1969)认为,一般均衡设置税收的分配效应取决于不同居民群体的收入来源和使用结构。一般来说,如果贫穷家庭比富裕家庭从一个给定部门消费的比例较大,然后对这个部门征税往往会导致收入分配恶化。但分配效应也取决于税收变化的收入效应。这种效应是要素收入变化和收入转移引起的变化。

税收也对效率有影响,(除定额税)税收会改变相对价格,造成经济的扭曲。例如,消费者改变消费方式,生产者改变产品结构和生产要素配置和工人改变闲暇时间。超额负担的概念,主要衡量消费者和生产者剩余对税收的变化,通常是用来衡量税收变化的福利效应。在大多数文献中,对于大部分税收来讲,超额负担是负面的,代表一个福利损失。在一个局部均衡设置,福利损失(也被称为净损失)会发生是因为消费者和生产者盈余的减少速度超过税收收入的增加速度(Auerbach 1985)。一个有效的税收是福利损失最小化。

Piga(2003)认为,对旅游业征收土地使用税有利于实现旅游业的可持续发展和所有部门的效率。T. Palmer - Tous, A. Riera - Font and J. Rosselló - Nadal(2007)认为,对于西班牙马洛卡地区出租的旅游车辆应该征收固定税率税收,以内部化其产生的交通拥堵、环境污染等外部性和增加税收收入;如果此种税收收入再用于该地区的公共交通,将有利于增加旅游需求弹性,导致更好的内部化效应。

美国佛蒙特州曾经增加用于度假村建设的城镇土地,计划以此促进当地旅游业发展并带动区域经济发展。R. Fritz(1982)通过定量分析发现,尽管这种做法将使当地居民的财产价值增加,但当地居民(包括度假村的所有者)的财产税收负担却显著增加,这种效应尤其在小村镇更明显。他认为,造成这种结果的原因,是土地利用方式的不同所支付的税额也不一样,村镇越小则财产税的差异可能越大,而且农村社区可能把税收负担转移给了度假村的所有者。

2.1.3 旅游环境税或旅游生态税研究

近年来,各国在发展生态旅游的背景下,以保护环境为由,纷纷探索开征旅游环境税或旅游生态税。这种税主要依据交通运输工具燃料碳排放量进行征收,因此有的国家又叫作"碳排放税"等。

1990年以来,对民用航空业的征税呈现增加趋势,其中包括有人建议专门对外国公民征税从而为促进本国旅游业发展而筹资。R. Abeyratne(1993)认为,国际航空运输和旅游不可避免地发生联系,对一方征税以发展另一方的政策措施,将是自寻失败。

西班牙巴利阿里克自治省对旅游住宿设施征收"巴利阿里克生态税",并声称是为改善当地生态环境筹资。T. Palmer and A. Riera(2003)研究认为,西班牙全国已经实施了环境税,而且该税已经覆盖了环境成本,"巴利阿里克生态税"实际上纯粹是当地政府为提高旅游基础设施水平而筹集财政收入的工具。

R. Tol(2007)利用国际游客流的模拟模型估计了针对航空燃料征收碳排放税的影响。研究结果表明:在不考虑季节、旅游目的、减少碳排放的技术性措施、国内外旅游互相替代等因素的情况下,针对航空燃料征收碳排放税,将使国际游客的交通方式倾向于从长途航班转向中途航班,从中途航班转向短途汽车和短途火车,从短途航班转向中途航班;如果此种税只有某国征收而并不是全球性税收,则征税国家将失去部分航空市场份额;由于碳排放税仅仅提高有限数量的飞行成本,因此即使碳排放税很高,碳排放也仅有小量减少。

英国对乘坐飞机的人在登机的时候按人征收一种"航空乘客税",其目的是让乘客负担部分碳排放的污染成本。Mayor and Tol(2007)认为,是否征收以及征收多少"航空乘客税",都将改变不同距离旅游间的相对价格,而不同距离的旅游也将影响飞机的碳排放量。如果继续征收"航空乘客税",将使英国到近处国家的游客减少,到远处国家的游客增加,而且将使英国的碳排放量稍增;如果对英国居民头 2000 公里航空旅游免征"航空乘客税",将减少碳排放量,但不会增加去英国的游客;如果直接针对燃料征收碳排放税而不是针对乘客征收"航空乘客税"来获得等量税收收入,则碳排放量将减少。

2.1.4　酒店房间税的相关研究

酒店房间税是指针对旅游住宿设施征收的一种税,有时也叫旅游房间占用税、旅馆房间税等。房间税一般是在游客结算付账时,以旅游房间占用权收费所支付资金为依据征收的从价税。由于住宿业范围广泛,以及易于征收,这种税是各国旅游业最为常见的税种之一,也是旅游业税收研究的主要领域。

在非洲西部各国,以海滨度假和古老文化为特色而发展起来的国际旅游业很发达,而且各海滨旅馆处于垄断竞争的市场结构。Fish(1982)研究发现,如果非洲西部地区各国在原有税制的基础上增加两种针对旅游住宿设施征收的税,即征收一次性总付税的土地税和单位性的床位过夜税,则前者并不改变旅馆的价格及其提供的床位量,但后者将增加旅馆的单位成本并影响产出水平、导致轻微价格提高和旅馆客人减少。

Weston(1983)分析了房间税能在各国普遍性存在的原因。他认为,房间税具有累进性,易于低成本征收,非居民是主要纳税人,旅游业增长赋予了其税收收入的增长潜力,游客流所导致的额外公共服务的成本至少可以得到部分补偿;并且仅就符合收入充足以外税收原则的程度来讲,房间税相比财产税更是优良税种,但政府应通过年度登记和定期随机审计减少旅游住宿业营业者的逃税行为。

Bird(1992)认为,在许多发展中国家,由于旅游业包括多种多样的企业和个人的活动,对国际商业行为如转移定价问题难以处理,以及政府往往给予易于课税的饭店等大旅游企业以大量的税收激励等,即由于旅游业的产业特征及由此引起的行政管理困难,严重限制了对旅游业征税可以采取的措施;发展中国家对游客征税时,一般情况下应以对旅游住宿设施征收的房间税等特别税为主。

Hiemstra and Ismail(1993)利用供给模型分析了美国住宿服务业房间税的税收归宿。他们发现,美国住宿服务的供给弹性较小而且小于需求弹性,并且房间税的供给效应具有时滞性;虽然是游客首先支付了房间税,但住宿服务提供者最终承担了大部分的房间税。

Bonham and Gangnes(1996)利用时间序列模型研究发现,夏威夷州旅馆房间税对税后旅馆房间收入的水平和增长率都没有显著的持久性影响。他们认为,这主要是因为,游客一般感觉不到房间税的存在及其大小,而且也并不是只有夏威夷州实行或者增加了房间税,所以该州旅馆房间税对游客的旅游需求影响不大。

对旅游业的一个组成部分增加税收,会导致另一个部门降低支出,这是因为旅游业是由不同部分组成的(Papatheodorou 2001),也可能是因为每一个组成部分征收不同的税率。Mak 和 Nishimura(1979)研究了夏威夷酒店房间税对停留时间的影响。他们发现停留天数对价格的变化是不敏感的,增加了房间税不会明显地减少到夏威夷旅游的人数。然而,他们还研究了酒店房间税对住房消费的影响,并且发现,游客通过减少他们的一些非住宿支出,还有部分游客通过减少储蓄或国内消费来应对住宿边际价格上升的部分。

Fujii,Khaled(1985) and Mak(1984)以美国夏威夷州为例,利用时间序列数据,研究了旅游房间占用税与其他相似税收相比的税收归宿问题。他们发现,与娱乐业税、食物饮料消费税或者一般消费税(销售税)等相比,这些对非住宿支出的征税主要由居民承担,而旅游房间占用税更容易转嫁,尽管其并不能全部转嫁。而且,对游客花费进行征税将对旅游业产生较大的负产出效应。

Aguilo',Rieri 和 Rossello'(2005)充分考虑了信息传递因素对旅游需求弹性的影响,他们认为对旅游住宿设施征税,结果往往是转移本地地方税税收负担给非居民,但对当地旅游企业的竞争力也造成了巨大损害。需求对税率变化的反应,不同类型的游客是不同的,Sakai (1988)发现商务需求比休闲需求更加缺乏弹性。

Bonham,Fujii,Im and Mak(1991)and Bonham and Gangnes(1996)认为夏威夷酒店房间税对酒店收入变化产生微不足道的影响,这意味着需求缺乏弹性。同样,Combs and Elledge(1979)发现对美国的汽车旅馆和其他住宿设施从价征收较低的房间税对旅游产业产生非常小的影响,同时政府将获得可观的收入。然而,Arbel 和 Ravid(1983),Fujii、Khaled 和 Mak(1985),Sakai(1985)发现住宿需求是富于弹性的,Im 和 Sakai(1996)假定增加酒店房间税率可能对财政部门有很大的不利影响。

　　此外,旅游业税收的输出能力是非常重要的问题。特别是,如果国际游客承担主要税收负担,国内居民的福利会提升。税收输出能力不同于税收归宿,后者指税负在消费者和生产者之间的分配(Durbarry and Sinclair 2001),而前者指的是税负在居民和非居民之间分配的程度。如果酒店业是一个飞地,有很高比例的外国参与,则二者之间的区别很小,因为大多数税收被输出。

　　通过对国外文献的梳理,发现关于旅游税收的研究主要集中在旅游税收的理论、效应及旅游环境税、酒店房间税等问题上。旅游税收相关理论研究较少,主要采用规范性分析方法对概念、类型、影响、发展趋势进行研究,实证研究方面主要使用一般均衡理论进行分析。对旅游税收效应研究较多,是由于世界各国都把旅游作为税收收入的主要来源,这些文献主要研究征收旅游税或者通过提高一般税收税率对旅游业征税对福利分配、效率及收入分配的影响。

　　另外,随着旅游业的发展,环境问题成为人们关注的问题,因此对旅游生态税收问题的研究热起来,主要集中在如何减少旅游业的碳排放、保护环境,同时筹集财政收入。而对酒店房间税研究较多,是因为房间税在世界范围内征收普遍,是旅游税中非常重要的税种,并且现有的大部分研究结果表明,征收较低的房间税,对旅游业产生非常小的影响,游客对房间税不敏感,需求缺乏弹性,对酒店的收入影响较小。但也有研究成果表明游客对住宿的需求是富于弹性的,Im 和 Sakai(1996)假定增加酒店房间税率可能对财政部门有很大的不利影响,或者对当地旅游企业的竞争力也造成巨大损害。

2.2 国内旅游相关税收研究文献回顾

西方发达国家对旅游税收进行过一定的理论和实证研究,但在我国旅游税收还是一个较新的课题,许多问题有待于探索。目前国内学者对旅游税收问题的研究大多是从规范的角度对我国旅游业税收的相关理论,改革与完善入境旅客购物退税制度,旅游业税收测算以及旅游生态税收等一些问题进行的研究,下面进行简单梳理。

2.2.1 旅游业税制改革与完善问题研究

从分析开征旅游税的相关经济学理论和税收体制背景出发,邢剑华(2007)通过对比旅游税与旅游税收、旅游管理费、出境旅游税等概念,探讨了旅游税概念的规范化问题,并在此基础上参照国外旅游税征收实践,结合我国情况提出关于开征旅游税的几点初步设想,同时根据国内研究现状对旅游税未来研究趋势做了简要阐述。

葛夕良(2008)在界定了旅游税收概念的基础上,从经济学理论角度分析了旅游税收的正反效应(旅游税收具有促进公共产品公平有效提供、为政府带来可观的税收收入、确保环境可持续发展、税负可输出性优势等正效应,增加税法遵从成本,可能会导致税收收入的流失,也可能会导致他国的报复性税收等负效应)。同时,指出了我国当前旅游税收制度存在的主要问题,认为必须根据国际税收竞争理论和 Gooroochurn 旅游税收理论完善我国当前的旅游税收制度,并提出了具体的完善路径。刘承达(2009)则从旅游税收的概念、经济学理论、征税依据以及国外开征旅游税的实践四个方面对旅游税进行研究探讨,并在此基础上提出了在旅游税理论研究方面存在的问题。

我国现行的税制中和旅游相关的税种主要都是对旅游供给体系课税,但对需求方的游客基本不课税(方奕勇、黄春梅 1997)。外国游客在我国几乎不缴纳旅游税,但我国旅游的主要客源国却大多开征了旅游税,这对我国旅游者来说是不公平的。同时,也使国家税收权益受损。因此,方奕勇、黄春梅(1997)从增加地方财政收入、完善地方税制体系、维护国家税收权益等方面来考虑,认为我国有必要开征旅游税,而且我国已经具备了政策、税源、征管、可资借鉴的各国实践经验等基础性条件,可以考虑开征以游客为纳税人、由旅游企事业单位代征代缴、划为地方税范围的旅游税。

匡林(2001)认为,随着我国增值税转型,旅游业最终也会面临缴纳消费型增值税的现实,因此要分门别类地推行旅游业"费改税",其中把国家旅游发展基金,首先转为开征以旅游养旅游的中央地方共享型中国公民出境特别税,征收对象不包括港澳台同胞,并在适当时候,在此基础上进一步统一开征"出境税",将征收对象扩大到外国人和香港、澳门公民。戴学锋(2004)也有相似的看法,他认为目前支撑我国出境旅游的主要是先富起来的国民,如果开征出境旅游消费税,既符合国际惯例,也不会造成我国出境旅游市场的大幅波动,而且可以将此项税收收入专项用于入境旅游促销。

旅游税收是各国政府取得财政收入的"软黄金",马衍伟、商庆军(2005)表明,在公共产品理论和旅游外部性理论两大体系基础之上,各国在实践中不断拓宽税基,增加税种,简化税制,使旅游税收收入激增。同时,国外旅游税收课征实践所取得的经验,为设计我国的旅游税收制度提供了有益的借鉴。刘邓、李莎(2006)也认为目前在我国开征旅游税是切实可行的,开征旅游税不仅可以增加财政收入,引导和调节游客,还能够规范旅游市场,与世界旅游业接轨。

2.2.2　入境游客旅游购物退税问题研究

入境旅客购物退税制度起源于20世纪80年代初的瑞典,目前在包括欧盟主要成员国、日本、韩国、新加坡等国在内的50多个国家广泛实行,已经成为一项国际惯例。入境旅客购物退税制度,是指旅游目的地国家将外国旅游者在本国购买并带出境消费的商品的价格中所含间接税退还给外国旅游者的一项制度。购物退税制度与出口退税相似,是根据消费地原则协调国与国之间的国内商品税的一项制度(张京萍等,2008)。

依绍华(2005)认为,尽管购物退税的比例达不到商品的实际含税量,但却能极大刺激人们的消费。而且,购物退税也并不仅仅是人们想象的那样"只出不进",而是能够积极推动本国商品的就地出口。根据我国相关部门的测算,每退回1元税,就可收回1.8元利润,同时还可回收相关产业的附加利益4元。因此,目前世界上多数国家都对境外旅游者实施购物退税制度,用以刺激海外旅游者在本国的消费。

孙钢(2010)总结了各国在购物退税政策实施上主要的四个共同点:一是离境退税的对象都是在境内购买、境外消费的商品,购买者只有将该商品带离国境才能享受退税,否则,对无法带离国境的商品一般不予退税;二是退税主要退的是国内流通环节的税收,对其他环节的税收基本不涉及;三是退税要以发票作为退税凭证;四是游客离境后才可获得退税,通常是在通过海关后的"隔离区"进行退税,也有个别国家和地区采取由消费者离境后邮寄购物凭证退税的办法。

张京萍、翟文兴(2008)、刘隆亨、孙健波(2010)等人对入境旅客购物退税制度的重要性做了详细的阐述,他们认为入境游客购物退税可以促进我国旅游消费市场的完善和旅游业的发展,推动第三产业发展和促进国家产业结构调整,增强我国旅游业及我国经济的国际竞争力,并由此产生新的经济和税收增长点。并探讨了境外旅客购物离境退税制度的概念、国外的主要做法和经验以及我国建立境外旅客购物离境退税制度面临的主要问题和具体建议。

国际金融危机后中国若要稳定出口、刺激消费以及增加旅游外汇收入,特别是在加快海南国际旅游岛建设的背景下,李海莲(2011)认为合理的制度设计,诸如退税主体、退税商品、退税率、最低退税金额、退税模式以及管理流程等方面的选择,是充分发挥购物退税制度积极作用并避免对中国税收收入产生消极影响的重要制度保障。同时,陈洪宛、孙俊(2009)对世界上已经实行购物退税国家的退税资格认定、退税率、最低购物限额及退税模式等方面进行了国际比较,并在此基础上,提出了建立符合我国国情的购物退税制度的政策建议。

此前,中国只对出口企业、法人实施退税,尚未对个人购物、个人消费实施退税。海南购物退税新政,不仅仅是海南旅游发展的助推器,更应是推动国人理解外贸政策,支持扩大出口的新契机。而对中国来说,境外旅客离境退税政策却是一项重要的制度创新,是对现行退税制度的一项重大突破(张汉东,2011)。

2.2.3 旅游业税收测算研究

旅游业税收的计算和评价,一直是旅游分析和研究中的难点问题。罗明义(2001)根据我国有关税收政策和规定,探索运用"分类测算法"来分析旅游业的税收收入,并按照"分类测算法"的分析方法和步骤,对云南旅游业税收收入进行了实证分析。

张帆等(2003)引用旅游卫星账户的一些概念和技术,依据1997年秦皇岛市国民经济投入产出表,综合采用辖区内各旅游景区调查汇总和行业测算等方法,以旅游影响的各行业总收入为依据,按照影响系数和关联系数计算出各行业因旅游而产生的总收入,再按各行业适用税率计算出该市2001年因旅游带来的税收收入总和。从文献看,这是较早依据旅游卫星账户对一个旅游城市的旅游业税收收入进行的理论测算。

而广西壮族自治区旅游局等(2004)则根据旅游卫星账户对一个省级行政区的旅游业税收收入进行了全面测算。他们经过大量的抽样调查,依据旅游卫星账户和我国1997年国民经济投入产出表,从直接税收、间接税收和全部税收三个方面,测算出了2000年和2001年广西旅游业对广西税收(生产税)的影响。

郝志敏(2006)认为,旅游业税收分类测算法是估算直接旅游税收的有效方法。他结合现有旅游统计数据条件和我国现行税收制度,分解细化了旅游税收分类测算法的计算步骤,并结合北京市的旅游统计数据对北京市2004年度直接旅游税收进行了计算。

2.2.4 旅游生态税收问题研究

随着旅游业的进一步发展,人们开始意识到旅游可能成为破坏环境的因素之一。于是专家学者开始关注旅游生态税收问题。孙宝文、马衍伟(2005)认为,应降低旅游业营业税税率,在相关地区开征生态税并专门用于生态环境建设,对生态旅游企业、交通设施建设、旅游教育与人才培训、入境旅游相关企业给予相应的税收优惠,扩大旅游企业营业税优惠政策适用面。

邓禾(2007)探讨了我国实行消费税性质的旅游业环境税制的改革方案。她认为,要在旅游业领域征收环境税或与环境有关的税收,将游客纳入旅游环境税征税范围。可以考虑新设税种,也可以考虑扩大现有消费税征收范围,将游客住宿设施提供者作为扣缴义务人,或者将环境税纳入门票价格,以游客滞留旅游目的地的时间长短作为计税依据,采用幅度定额税率,使税率随环境保护边际成本的变化而调整,由地方政府征收,并将税款用于环保事业。

赫然(2008)从生态旅游的概念及其发展入手,提出了较完整的生态旅游定义,并分析了生态旅游的理论体系。生态税收应当为我国生态旅游业开发战略服务,保护和改善生态环境应当作为旅游税收政策选择的切入点,本书正是基于这一点来探讨生态税收的体系建构问题。

通过对国内文献的梳理,发现国内对旅游税收问题的研究相对薄弱,主要是因为我国对旅游业征税采用的是一般税收制度,不易觉察,加之,我国旅游业正处在蓬勃发展的阶段,更多地关注旅游产业本身发展的问题。也有一些专家学者关注促进旅游产业发展的财政、税收政策,但主要是从对旅游业的税收制度改革与完善、入境游客出口退税制度来研究的,也有少部分研究关注旅游业发展对环境的破坏问题,开始研究旅游生态税收问题。在旅游税收方面的实证研究较少,现有的成果主要是对旅游税收进行分类测算和评价。

3 旅游税收的理论基础

公共产品或服务理论、外部性理论、供求理论以及最优税收理论等都是研究税收的重要理论基础。从现有文献角度来看,旅游业税收的理论分析与实证研究,基本上都承认这些理论的合理性,并以这些理论为依据或前提,或者说是在这些理论基础之上的具体运用。

3.1 公共产品或服务理论

3.1.1 公共产品或服务概念、特征及分类

保罗·萨缪尔森在《公共支出的纯理论》一文中给公共产品或服务作了严格的定义。他认为"纯粹的公共产品指的是这样的物品或服务,即每个人消费这种物品或服务不会导致别人对该种物品或服务消费的减少。"为了清楚地对公共产品或服务同私人物品或服务加以区别,西方经济学家们将萨缪尔森的定义加以引申,提出公共产品或服务具有与私人物品或服务完全不同的三种特性。

第一,效用的不可分割性。公共产品或服务是面向整个社会提供的,其效用是由整个社会的成员共同享用的,不归属于某些厂商或个人享用,也不能将其分割为若干部分,亦不能按照谁付款谁受益的原则,限定为之付款的个人或厂商享用。

第二,消费的非竞争性。即当某一个人或一个厂商对某种公共产品或服务

加以享用时，并不排斥、拒绝其他人或厂商同时享用，也不会因此减少他人或厂商享用的数量或质量。①

第三，受益的非排他性。即从技术的角度来说，公共产品或服务的受益范围不能将拒绝为之付款的个人或厂商排除在外。不管个人或厂商是否为之付款，都能从公共产品或服务的提供中得到利益。换言之，任何个人或厂商也都不能通过拒绝付款的办法，将其所不喜欢的公共产品或服务排除在其享用品的范围之外。②

公共产品或服务在具有非排他性的同时，根据其有无竞争性又可分为纯公共产品和准公共产品。准公共产品的一个非常重要的特点就是具有"拥挤性"特征。在没有超过拥挤点时，每增加一个消费者的边际成本为零；当超过拥挤点之后，增加更多的消费者将减少所有消费者的效用，增加额外消费者的边际成本趋于无穷大。

随着公共产品理论的发展，人们对公共产品或服务的研究越来越深入，开始提出了地方性公共产品或服务的概念。根据公共产品或服务受益范围不同，可划分为地方性公共产品或服务和全国性的公共产品或服务。所谓地方性公共产品或服务是指为本地区提供的。全国性的公共产品或服务则是为本国居民提供的。

现实生活中，有许多物品或服务是介于纯粹的公共产品或服务与纯粹的私人物品或服务之间的，即兼有公共产品或服务以及私人物品或服务的特性，被称作"混合物品"。也正因为如此，其供给的方式往往是市场的因素和政府财政的因素兼而有之。

3.1.2 公共产品或服务需求和配置效率

纯粹的公共产品或服务的需求同纯粹的私人物品或服务的需求显著不同。纯粹的公共产品或服务的需求表现为垂直相加，即某种纯粹的公共产品或服务

---

① 也可以使用另外的表述方式，即：当一种公共产品或劳务在增加一个消费者时，其边际成本为零。
② 王金明. 新兴城市基层公共卫生体制改革研究［D］. 西北大学，2008.

的需求曲线,可通过将这种公共产品或服务的所有消费者的个人需求曲线垂直相加而得出。

纯粹私人物品或服务的需求表现为水平相加,即某种纯粹的私人物品或服务的需求曲线,可通过对某一时间内所有单个消费者在各种价格水平上对该种私人物品或服务的需求曲线加总而得到。

其原因在于,就对纯粹公共产品或服务的需求来说,每个消费者所面对的是同样数量的物品或服务,但他愿意支付的价格是不同的。而就对纯粹私人物品或服务的需求来说,每个消费者都只能是既定价格的接受者,他只能调整其消费的数量。

纯粹的公共产品或服务的配置效率在这样情况下实现,即其私人边际效益的总和(社会边际效益)恰好等于其社会边际成本,即 $MSB = \sum MB = MSC$。市场的供给相对于纯粹的公共产品或服务来说,往往是缺乏效率的,这是因为对于它的个人消费势必伴随着正的外部效应,从而导致免费搭车者的出现。

如果每一社会成员自愿捐献的资金数额与其所获得的公共产品或服务的边际效益相等,公共产品或服务的供给量便可以达到具有效率的最佳水平。然而,免费搭车现象的出现将会造成公共产品或服务供给的不足,致使帕累托效率所要求的最佳水平难以达到。解决免费搭车问题的有效途径是强制性的融资方式。因为政府可以运用自己手中的权力进行强制征税,以确保提供公共产品所需要的财政资金。

3.1.3　旅游业具有公共产品或服务的特征

旅游业与一般产业相比,具有其特殊性。因为旅游产品的生产不能像一般产品那样,通过技术、资本和劳动力的投入就能生产出来。自然旅游资源和人文旅游资源都是在大自然和历史沉淀所形成的一定资源基础之上,进行衍生开发形成的。根据萨缪尔森的公共产品理论可知,这类公共旅游资源景区在不收取门票或者是门票价格较低的情况下是公共产品,当景区容量超过一定界限,感觉拥挤时,则是准公共产品,例如国家公园、博物馆等。同时,这类旅游资源的开发一般前期投入较大,投资回收期较长,政府是主要投资主体,具有公共性。因此，可以通过收取门票或者税收来弥补前期的投入。

对旅游产品进行消费的同时，也伴随着消费无法估价的资源和公共产品。无法估价的资源包括野生动物和历史建筑等，而公共产品包括道路和安全等，这是不可分割的，没有人可以被排除从中获益。这些由政府以一个非常低的价格或免费提供。然而，辖区外游客如果大批涌入会加大政府提供有关公共产品如高水平的公共安全、高质量的环境等所发生的成本，这实际上增加了辖区内纳税人的税负。但是作为非居民或者是外地的游客却不支付产生的这些额外费用。虽然有些旅游景点常常会收取一定的使用费如公园门票费、旅游探险费等来解决经费问题，但有些公共产品如公共安全、路灯等由于技术落后、征收成本太高等原因很难强制征收到相应的使用费。

由于旅游业具有公共产品的特征，根据公共产品或服务需求和配置效率来进行分析可知，公共产品或服务的需求曲线，表现为对公共产品或服务的个人需求曲线垂直相加。如果每一旅游者自愿捐献的资金数额与其所获得的旅游公共产品或服务的边际效益相等，旅游公共产品或服务的供给量便可以达到具有效率的最佳水平。但是免费搭车现象使得"林达尔均衡"难以实现，造成旅游公共产品或服务的供给不足，从而达不到帕累托效率所要求的最佳水平。为了解决这一问题，政府可以通过旅游税收纠正不平衡，使负担落在那些增加费用的人身上，还可以有效地筹集公共产品所需的资金。

随着国际旅游业的不断发展，目的地政府越来越清晰地看到这一现象的存在。因此，世界上很多国家都在对旅游业征税，这也是旅游税税种较多的原因。同样，这一思想也适用于国内旅游者，国内旅游者到异地旅游消费了目的地政府提供的公共产品和服务，但却没有为此支付相应的成本，目的地政府很难对外地旅游者使用本地的公共产品和服务这一行为进行收费。比如由于旅游者的大量涌入，超过了当地公共交通的承载力时，政府就必须增加拨款来增加公共交通设施以解决交通拥堵的问题，这样就会增加目的地政府的财政支出。因此，对旅游者征收一定的旅游税来进行补偿，符合税收的受益原则。

另外，外国旅游者在旅游目的地国旅游，享受到旅游目的地国政府提供的各种公共服务，例如国防、法律秩序和社会福利，因此作为非国民的外国旅游者必须缴纳相应旅游税作为一种补偿。由于这一部分旅游税收入主要是用来弥补全国性的公共产品或服务的,因此由中央政府来征收。而对于国内游客而言,可以把旅游税作为地方的税种,来解决地方公共产品或服务供给的问题。

3.2 外部性理论

通过对国外文献的梳理,发现旅游负外部性问题已引起广泛关注。如经济漏出(Sheng & Tsui,in press-a,in press-b;Teye,Sönmez,& Sirakaya,2002),旅游资源过度使用(briassoulis,2002),生活成本上升,犯罪率增加,毒品消费和当地青年肆意破坏公物的行为,把本地人从以前免费旅游景点排挤出来(Göymen,2000),外国统治和依赖,社会经济和空间极化,文化差异和社会控制的损失及在东道国社区的身份(Brohman,1996)。特别是中小型旅游企业经济负担能力有限,面对旅游业的繁荣,负外部性可能更严重,破坏了经济的可持续发展。

3.2.1 外部性概念、分类及解决办法

1890 年马歇尔在其经典之作《经济学理论》中首次提出了外部性的概念。所谓外部性(Externality),或称外部效应指的是某些个人或厂商的经济行为影响了其他人或厂商,却没有为之承担应有的成本费用或没有因此获得应有的报酬的现象。它可以简单地定义为未在价格中得以反映的经济交易成本或效益。

在现实经济生活中,外部效应的表现形式多种多样,可以依照不同的标准分类,但最基本的还是依外部效应所带来的后果分类。根据外部性主体对客体所产生影响的正负,可以将外部性划分为正的外部性和负的外部性。正外部性也称外部效益或外部经济,指的是给交易双方之外的第三者所带来的未在价格中得以反映的经济效益。负外部性也称外部成本或者外部不经济,是指给交易双方之外的第三者所带来的未在价格中得以反映的成本费用。

在存在外部效应的情况下,人们在进行经济活动决策中所依据的价格既不能精确地反映全部的社会边际效用,也不能精确地反映其全部的社会成本。这样,依据失真的价格信号所作出的经济活动决策,肯定会使社会资源配置发生

错误,出现效率损失,从而达不到帕累托最优准则所要求的最佳状态。

对于外部性问题的解决,理论上一般有以下两种方法。一种方法是在不存在协商成本或者成本很低的情况下,通过对外部效应的协商来明确界定产权,会实现帕累托最优效率。另一种方法是,政府通过征收庇古税或者矫正性的财政补贴两种手段实现外部性内在化。还有如存在负外部性的企业兼并受其损害的企业,实现内部化,以及政府通过直接管制等手段,可以解决外部效应的问题,从而实现最优的经济效率目标。

3.2.2 旅游业的外部性理论分析

世界旅游组织提出可持续发展理论后,各国对生态环境的保护,资源的永续越来越重视,一些专家、学者开始提出旅游外部性问题。旅游业的外部性可以从正反两个方面进行分析,即旅游业正外部性和旅游业的负外部性。

1. 旅游正外部性分析

旅游产业综合带动性较强,旅游产业的发展必然会带动相关产业的发展,相关产业的配套发展反过来会支持旅游产业在更高层面上的发展,从而引起旅游产业和其他相关产业在需求上的一系列变化,从而在经济系统(国家或区域)中导致了直接、间接和诱发性变化。

旅游业的正外部效应表现为扩大投资、拉动消费、扩充就业容量、促进文化交融互动等。如城市旅游的蓬勃发展可以加速城市的对外开放程度,通过改善旅游地面貌、恢复风俗民情等有效举措提高旅游地的知名度。旅游产业的发展潜力为其他不同相关行业提供了非常广阔的就业空间,产生了影响深远的旅游就业乘数效应。正是这种外部经济性是使得各级政府不遗余力推动旅游业发展的主要原因。

在外部经济条件下,对旅游企业来说,旅游活动虽然带来了额外的收益,也使得其他经济主体无偿得到了额外的好处,但旅游企业并没有享受其自身生产所产生的外部收益。这种外部收益的存在,使得旅游企业收益较少,因而不愿多从事旅游活动,从而限制了旅游业的发展。这就是外部经济性存在导致市场对旅游资源配置的低效。因此政府财政的介入,可以对旅游业溢出正效应加以有效强化,如支持旅游基础设施建设及地方政府旅游形象整体营销等。

2. 旅游业的负外部性分析

旅游业发展初期,人们更多地关注旅游产业发展带来的好处,即旅游正外部性问题,但随着旅游产业的繁荣,旅游者的行踪遍及世界各个角落,人们逐渐看到了旅游对人类社会综合资源,尤其是对自然生态环境所带来的消极影响。美国经济学家约翰和托马斯认为,"旅游是在一定的环境空间进行的一种人为活动,它必定会给当地的生态系统带来一定的干扰和破坏,造成一定的环境压力。"

目的地政府直观感知到旅游活动对地区环境带来的外部不经济性。如现代化旅游交通工具,旅游活动中所使用的机动工具,比如游乐场中的各种机械设备、高尔夫球场内使用的运载器具的小型机动车等,所产生的废气和噪声污染是相当严重的,其中最严重的当属汽车,它经常成为影响旅游环境质量的主要因素。飞机的噪声污染也相当巨大,这就是为什么各国机场必须远离城市和居民点的原因所在。

此外,游客的正常活动和部分游人的不文明行为对自然保护区、文物古迹的危害也是很严重的。旅游者中极少数人,或某些随身物品,可能携带传染性病菌,包括对人体或对动植物有害的病菌。从世界现实来看,不单单一般旅游地国家由于旅游的原因遭受到了程度不同的环境污染,就连南极这样一个一般人难以到达的地方,近年来也因旅游者的逐年增加而产生了环境污染问题。例如地下水位的明显下降,地区内废气物的产出量显著增多以及电力消耗增幅较大。旅游业的负外溢效应包括过度市场开发带来的原生态破坏、环境载荷加重、文化资源受到侵蚀、当地社会经济可持续发展受到影响等。

另外,旅游是典型的拥挤性俱乐部产品,因游客增加带来的拥挤成本将使个人收益曲线呈先上升后下降的趋势①。如图 3-1 所示,在初始阶段,个人收

---

① 假设特定规模的游客(N)具有相同的消费偏好,既获得旅游收益(R),同时平均分担旅游供给成本(C),游客净收益最大化的条件为 $MR = MC = -\dfrac{C}{N^2}$,进而可决定最优游客规模下效率最优的旅游供给程度。

益曲线 TR 随着个人分担成本 C/N 的降低而增加,在临界点 N_0 取得最大值,当跨过 N_0 时,个人分担成本 C/N 由于过度拥挤,呈上升趋势,个人收益曲线 TR 随之下降,由此决定 N_0 为最佳供给规模。

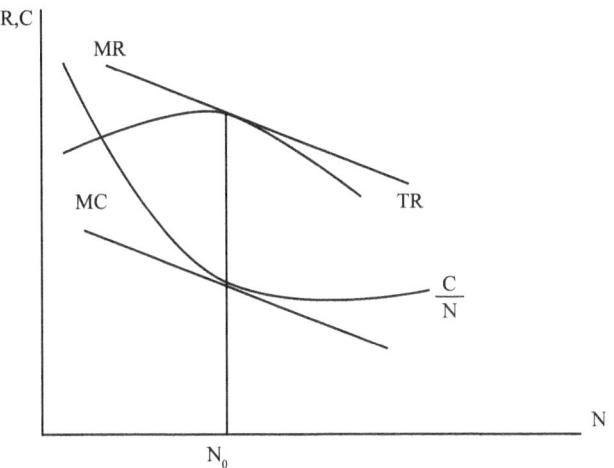

图 3-1 旅游作为拥挤性俱乐部产品的分析

由于旅游外部不经济的存在,旅游产品的私人边际成本小于其社会边际成本,会导致旅游供给过多。因此会产生市场失灵现象,这样必须借助市场之外的力量来矫正旅游外部性问题。管制游客流入人数和征税是两大最常用的解决旅游环境污染这一问题的手段(Bird,1992;Hughes,1981;Clarke and Ng,1993)。

然而,对游客的流入制定规制进行控制并非是理想的手段,因为这样做会使得旅游业发生萎缩,对经济产生负效应。此外,许多国家都在大力发展旅游业,因此,想要同时实现"不污染"和"旅游业快速发展"的政策目标是相互矛盾的。征收设计合理的旅游税收是一种解决旅游环境污染问题的有效途径,政府通过对旅游外部性生产者征收相当于外部不经济价值的消费税,便可以促使私人成本与社会成本一致,进而有效解决旅游外部性问题。

这主要是因为价格对供求变动具有重要影响,而税收对价格变动具有重要的影响。一般来说,不管是直接对游客征税还是对旅游企业征税,不管是价内税还是价外税,旅游业税收增加,可能使旅游价格上升,而旅游需求减少,旅游供给增加;反之,则旅游价格下降,旅游需求增加,旅游供给减少。也就是说,旅游业税收的变化将影响旅游供求双方的成本、收益和偏好选择。当政府有了较多的税收收入,就可以获得更多的资源来保障旅游行业的可持续发展。旅游行业不仅依赖于自然风景资源,还与公共产品的提供息息相关。

总之,对于外部不经济的解决主要有以下几种方式:

第一,通过相关行业合作,以签订合约的形式来解决外部性的无效率。因为正外部性给其承受者带来了不反映在市场中的额外利益,双方之间的谈判可以较好地解决这些利益的最终归属问题,从而可以在外部性发生之前,使外部性的行为人做出对双方都有利的决策。通过友好协商,与旅游企业在共同制定的游戏规则指导下相互合作,共同开发、宣传促销,进而推动旅游业与相关行业健康、有序发展。

第二,通过内部化来解决外部性,也就是旅游组织延伸其业务范围。通过将外部性的行为人和承受人合并,可以有效地将外部性内部化,从而避免外部性带来的无效率问题。主要途径如将旅游企业兼并、收购或联合相关企业等,由一个单独的利益体来进行经营,那么他在组织决策时,必定会考虑其对旅游业的影响,从而有效地解决了外部性问题。

第三,解决外部性的方法还有政府的干预。政府可以采用超越市场机制的手段,向行为人所产生的不反映在市场价格中的外部性(社会成本或社会收益)征收税收,并把税收通过财政补贴、补助等形式给外部性的发起者,使其将外部性作为行为决策的考虑因素,从而内部化其成本或收益。政府作为市场的协调者和监督者,也可以充分发挥其作用,引导会展业与旅游业的合作互动,提升会展业对发展会展旅游的动力,解决外部性问题[①]。

税收还可以用来解决外部性问题,其中包括加重交通拥堵和环境退化(Sinclair and Stabler 1997)。这种消费的外部性在私人和社会成本(或利益)之间加入了一个楔子,造成市场没有提供最佳水平。有人认为,调节客流和对游客征

---

① 叶明海,胡志莹.会展业对旅游业的正外部性效应分析[J].经济论坛,2007(10):83-84.

税,可以解决这个问题(Bird 1992;Clarke and Ng 1993;Hughes,1981)。然而,前者可能不是理想的解决方案,因为它不是针对问题的根源。

根据一般扭曲和福利理论,Bhagwati(1971)认为,扭曲应从源头予以纠正,并表明纠正消费外部性的第一个最好的政策是征收消费税或补贴。该方案也适用于游客的畸变矫正。基本方法是使用庇古税,税率能够矫正市场价格与边际社会成本之间的缺口。这些收费可以适用于所有用户,如果他们产生外部性,就应该把它应用于产生无法估计的不利影响的商品和服务。在土地开发的例子中,可以通过征税重新分配土地开发者和从发展中遭受负外部性的当地居民之间的利益(Piga 2003)。征税是为了获得财政收入和收入再分配、通过融资改善公共服务增加本国福利。收入多样化,包括减少依赖其他税种的政策;通过旅游征税可以减少对贸易关税收入的依赖,没有给国内居民强加额外负担。

3.3 税收原则理论

课税会对经济和社会产生影响,一国政府在设计税制并通过税收取得公共收入时,必须考虑所采用的税制结构对于经济社会会产生怎样的影响。从根本上说,对经济社会不起影响作用的税收是不存在的。所不同的只是有多少起积极的作用,有多少起消极的作用。而要使税收充分发挥对经济社会的积极作用,税收制度的设计和实施是关键所在。因此客观上要求有某些税收原则来指导税制设计,使得课税效应能够达到趋利避害的效果。税收原则是政府在税收制度的设计和实施方面所应遵循的基本指导思想,也是评价税收制度优劣以及考核税务行政管理状况的基本标准。税收应该遵守公平、效率、稳定性、简单和成本效率原则在文献中被广泛接受。

古往今来,西方经济学家在历史发展的不同时期,总结、提出了不少的税收原则。这些税收原则,既是西方财政经济理论中的重要组成部分,也是我们研究分析国家税收制度的出发点。现代税收原则理论主要起源于凯恩斯主义及福利经济学的思想,且基本上围绕着税收在现代经济生活中的职能作用来立论。综合看来,普遍公认重要的税收原则是:公平原则、效率原则、法制原则。

下面主要讨论税收的公平、效率和法制原则,并以此作为我们研究税收问题的理论基础。

3.3.1 税收公平原则

古往今来,人类在不同的历史时期,总结出不少的税收原则,诸如:亚当·斯密的"平等、确实、便利、最少征收费用"四原则;萨伊的"税率最适度原则、节约征收费用原则、公平、最小程度妨碍生产、道德原则";瓦格纳的"四项九端原则",即财政原则、国民经济原则、社会正义原则、税务行政原则。

在上述原则中,都提到了公平的原则,可见,公平在社会经济生活中的重要性是不言而喻的,它不仅关系到国民经济的增长,而且事关社会政治的稳定。但公平是一个历史的、相对的,而不是永恒的范畴,世界上不可能存在一个放之四海而皆准的、永恒的、共同的公平观念。在不同的国家和同一国家的不同阶段,对公平的理解也是不同的。

然而,目前在公共经济学中,税收公平原则(principle of tax equity)同样被视作设计和实施税收制度的最重要或首要的原则,税收公平与否往往是检验税制和税收政策好坏的标准。税收的公平原则一般包括以下两个方面的含义:

一是普遍征税,是指征税遍及税收管辖权范围内所有法人和自然人,所有有纳税能力的人只要发生了纳税义务,都必须毫无例外地依法纳税。普遍征税原则要求在纳税义务方面没有特权阶层,对所有人一视同仁征税,排除各类区别对待措施,只以是否发生纳税义务作为判定是否交税的标准。但是普遍征税的原则也非绝对,国家出于政治、经济、国际交往等方面的考虑,也会给予某些特殊的纳税人以减免税照顾,这只是对普遍征税原则的灵活运用,例如对外交使节的税收豁免待遇就是出于避免国际双重征税的需要。

二是平等征税,包括横向公平和纵向公平两个方面。经济能力或纳税能力相同的人应当缴纳数额相同的税收,即以同等的方式对待条件相同的人。税收不应是专断的或有差别的。这称作"横向公平"。经济能力或纳税能力不同的人应当缴纳数额不同的税收,即以不同的方式对待条件不同的人。我们把这称之为"纵向公平"。

衡量税收公平与否的标准是受益原则和支付能力原则。前者以纳税人从政府所提供物品或服务中获得效益的多少作为判定其税负大小的标准,后者则以纳税人的纳税能力作为判定其税负大小的标准。具体又有客观和主观两种说法。客观说主张根据纳税人拥有的财富多少测度其纳税能力,主观说主张根据纳税人因纳税所感受到的牺牲程度大小测度其纳税能力。税收公平原则还体现在政府应该通过其税收制度为纳税人创造公平的竞争环境即起点的公平,经济环境的平等是纳税人平等竞争及平等纳税的前提和条件。因此,国家应该通过税收制度的建立与完善和税收政策的推行排除客观因素对纳税人利润水平的影响,从而真正体现税收的公平原则[①]。

总之,公平的税收在满足财政需要的同时,既能使政府发挥宏观经济调控功能,又能使市场机制发挥自动调节作用,对经济和社会负面影响最小,从而使整个社会的福利分配处于效用最大化状态,最有利于保证社会成员的福利最大化目标的实现。税收公平原则包含横向公平和纵向公平两方面意义,其特点都是不孤立地看税负本身,而是和纳税人的纳税能力相联系。

3.3.2 税收效率原则

税收效率原则可分为税收经济效率原则和税收本身效率原则两个方面。前者旨在考察税收对社会资源配置和经济运行的影响,其检验标准在于税收的额外负担最小化和额外效益最大化;后者旨在考察税务行政管理方面的效率状况,其检验标准在于税收成本占税收收入的比重。

经济效率原则也是不同历史时期经济学家集中关注的税收原则。税收的效率原则要求税收不干预资源的配置,保持一种中性,以免造成对纳税人的行为的扭曲。现代税收理论一般把税收的效率原则概括为三个方面:一是从资源配置角度,税收分配有利于资源有效配置,使社会从可用资源中获得最大利益。在这方面,西方税收理论多用意大利经济学家帕累托的效率原则来解释税收效率的经济含义。帕累托效率的基本含义是,在一定的技术水平和资源条件下,

---

① 高培勇.公共部门经济学[M].北京:中国人民大学出版社,2004.

如果资源配置达到这样一种状态——任何重新调整这种配置的做法都不可能在使一个人境况变坏的情况下而使任何一个人的境况更好,那么这种资源是有效率的。如果达不到这种状况,表明资源配置没有达到效率状态,需要重新调整,以提高效率。因此,效率概念的含义实际上就是,经济活动上的某种改进和措施必须使所得大于所失,或者是从全社会看必须是得者的所得多于失者的所失。二是从经济运行机制角度来看,税收分配要有利于经济运行,促进国民经济稳定增长和微观经济效益的提高。政府征税是将私人经济部门占有和使用的资源转移给政府部门的过程。如果税收分配不当,就会造成对市场经济的扭曲,影响生产者和消费者的正确决策,给社会带来福利损失,形成所谓税收超额负担。因此,征税要遵循效率原则,使社会承受的超额负担最小,并以较小的税收成本换取较大的所得。三是税务行政效率,指在征税过程中所支出的费用占收入的比例。早在17世纪威廉·配第就提出的"简便、节省"原则和18世纪攸士弟提出的"赋税不应危害人民的生活和工商业,也不应不正当地限制人民的自由,征课的费用不能过度"以及亚当·斯密提出的"最少征收费用"的原则都是对税收行政效率的概括。

总之,保证税务行政效率是征税最基本、最直接的要求,而税收的高层次要求则是追求经济效率,符合经济效率的税收既能满足政府公共投资的需要,又不会压抑私人投资热情;能够使得私人投资和公共投资处于投资总量上的最大化状态;能够使公共经济与私人经济间的资源流动处于均衡状态;使整个社会的财力分配既有利于促进公共经济的发展;又有利于促进私人经济的发展;既能保证政府公共经济运行的效率,又有利于提高市场领域里的私人经济的运行效率,从而使整个社会资源配置和利用处于效率最大化的状态。

3.3.3 税收法治原则

税收法治原则是政府征税,包括税制的建立、税收政策的运用和整个税收管理,应以法律为依据,依法治税。法制原则的内容主要包括两个方面:税收程序规范原则和征收内容明确原则。税收规范原则要求税收程序,包括税收立法程序、执法程序和司法程序应法定;税收内容明确原则要求征税内容法定。在以往的税收原则理论中,虽然没有明确提出法制原则,但要求明确规定征税内容,则早已是大家公认的税收原则。如亚当·斯密是将"确实"原则列为四项税收原则之一,认为应将征税日期、征税方法等征税内容明确告知纳税人,不得随意变更。一直以来,确实原则作为税收重要原则为后人包括瓦格纳在内所接受,但要使征税内容"确实",最为有效的方式是以法律的形式加以规定。其实,征税内容需要法定,征税程序更需要法定,即通过法律规定,明确和规范整个税收的分配行为。从税收实践来看,税收与法律密切相关。税收分配的强制性、无偿性和规范性,都是以税收的法定为基础。即税收法治原则,本质上是由税收的性质决定的。因为,只有以法律的形式明确纳税义务,即税收法定,才能真正体现税收的"强制性",税收的"无偿"征收才能得以实现,税收分配也才能做到规范、确定和具有可预测性。

此外,法律"公开、公正、公平"的特性,也有助于税收的公正和效率。税法的高度公开和透明,无疑有助于提高税收的行政效率和引导资源流向的正确性。特别是在征纳关系中,纳税人相对于政府处于弱势地位,加之政府本身又存在财政支出不断增长的压力,因此,通过法律规范来提高纳税人的法律地位,保障纳税人的合法权利就更为必要。总之,当前中国对税收公平和效率以及税收法治化的追求符合构建社会主义和谐社会的需要。因此,在进行税制改革与税收结构调整的过程中,要以税收公平、效率和法治原则作为理论依据和指导思想。

税收的基本原则主要为效率与公平,最优税制应该是同时兼顾效率原则与公平原则的税制。从最优税收的角度来说,能力相同的纳税人应该缴纳等量税额,能力高的纳税人应该缴纳更多的税额,税收必须清楚、确定,必须尽量给予纳税人最大便利,必须尽量降低成本和减少效率损失,必须随经济形势的变化而调整,必须明确税收归宿。就旅游业税收来说,也要遵循公平、效率、确定、便利等原则,实现游客、企业、政府等旅游利益相关者的利益最大化。

3.4 Gooroochurn 旅游税收理论

最优税收理论就是对这些税收原则进行全面权衡和抉择,协调各原则之间的相互关系,实质上是税收原则问题的延续和深化。指导税制设计的税收原则有很多,最优税收理论吸收了"公平"和"效率"这两个主要原则,并在一定的外部约束和信息不充分条件下,分析税收对经济主体决策的经济影响。

而 Gooroochurn 旅游税收理论则是最优税收理论在旅游税收中的运用,接下来这部分内容用最优税收拉姆齐模型来分析旅游税收问题。首先分析旅游税收的效率效应,随后把模型进一步扩展来研究再分配效应。Gooroochurn(2003a)[①]给出了模型的所有细节。

3.4.1 效率效应

Diamond 和 Mirrlees(1971a,b)通过对拉姆齐模型的扩展得到该模型。该模型是在给定的税收收入水平下通过最大化社会福利函数来找出最优税率。假设一个是国内消费者代表和一个是游客代表,其收入水平分别为 y^D 和 y^T。对 $N+1$ 种商品 $(0,1,2,\cdots\cdots,N)$ 的消费价格向量为 $P=(P_0,P_1,P_2,\cdots\cdots,P_N)$,每一商品的税率和需求分别为向量 $t=(t_0,t_1,t_2,\cdots\cdots,t_N)$ 和 $x=(x_0,x_1,x_2,\cdots\cdots,x_N)$。在这 $N+1$ 种商品中包含着旅游服务,并且每种商品 (x_i) 的需求可以分解为国内需求 (x_i^D) 和旅游需求 (x_i^T) 两部分,式子如下:

$$x_i = x_i^D + x_i^T$$
$$x_i^T = \psi_i x_i \tag{1}$$
$$x_i^D = (1-\psi_i)x_i$$

其中 ψ_i 表示每种商品 i 的旅游需求占总需求的比例,记为:

$$\psi_i = \frac{x_i^T}{x_i^D + x_i^T} \tag{2}$$

---

① Gooroochurn N (2004). Tourism Taxation: A Theoretical and Empirical Investigation. Paper presented at ECOMOD International Conference, Brussels, September 2004.

从模型的构成来看，ψ_i 内生于模型之中，随价格变化它的值也会发生变化。本地居民和旅游者由于偏好和收入水平不同，因而价格变动会对国内需求和旅游需求产生不同程度的影响。ψ_i 会随着 x_i^D 和 x_i^T 不同程度的变化而改变。同时 ψ_i 也是游客与本地居民人口比例的函数，用 Ω 来表示游客与本地居民人口比例。由于本地居民人数是相对固定不变的，因此 Ω 是到达旅游者人数的函数，它也是由价格（和税率）决定的。因此在模型中把游客人数内生化是非常重要的，ψ_i 可以用如下方式来表示：

$$\psi_i = f[p_i, \Omega(p_i)] \tag{3}$$

把游客人数作为内生变量，也能反映出征税对旅游目的地国际竞争力的影响。增加旅游税会提高价格，因此会降低国际市场上的竞争力。

在公式(3)给定方程 ψ_i，我们把旅游需求分为微观需求和宏观需求两部分。用价格 P_i 来表示微观旅游需求，用与斯拉斯基方程同样的方式计算替代效应与收入效应。在假设旅游者代表已到达旅游目的地条件下，价格的变动会引起需求的变化。宏观旅游需求是计算在国际化水平下的旅游需求，用旅游者人数来反映它。商品和服务的价格变化会影响到旅游目的地参观游览的人数，反过来旅游者人数又会影响对旅游相关产品的需求。可以用 $\Omega(p_i)$ 来表示。完全不同于方程(3)中的 p_i，再经过处理，能够得到价格弹性 ψ_i 的如下表达式：

$$\varepsilon_i^\psi = (1 - \psi_i)[(\varepsilon_i^{x^T(\Omega)} \varepsilon_i^{\Omega(p_i)} + \varepsilon_i^T) - \varepsilon_i^D] \tag{4}$$

其中，$\varepsilon_i^{x^T(\Omega)} \varepsilon_i^{\Omega(p_i)} + \varepsilon_i^T$ 表示旅游需求总的价格弹性，ε_i^T 表示微观旅游需求的价格弹性，$\varepsilon_i^{x^T(\Omega)} \varepsilon_i^{\Omega(p_i)}$ 表示宏观旅游需求的价格弹性。在旅游需求总的价格弹性公式中的 $\varepsilon_i^{\Omega(p_i)}$ 表示旅游者人数的价格弹性，也就是旅游者人数对于价格变化的反应程度。$\varepsilon_i^{x^T(\Omega)}$ 表示由于旅游者人数变化引起的旅游需求变化（Ω 变化）。因此，总的旅游需求弹性表明价格变动会通过旅游人数的变化直接或间接影响旅游需求的程度。由于我们对国内福利感兴趣，社会福利函数包括本地居民的间接效用函数 $V(p, y^D)$，最优税收的最大化问题可用如下公式来表示：

$$\underset{p}{Max}[\underset{x_i^D}{Max} U(x_i^D), px_i^D = y^D] \tag{5}$$

通过方程(2)，税收收入约束条件可以表示为：

$$R(t) = \sum_{i=0}^{N} t_i \left(\frac{x_i^D}{1-\psi_i} \right) \geqslant \overline{R}, \psi_i \neq 1 \qquad (6)$$

在上述收入约束下最大化社会福利函数，一阶条件如下所示：

$$\frac{\partial V}{\partial p_i} + \tilde{\eta} \left(x_i + \sum_i t_i \frac{1}{(1-\psi_i)} \frac{\partial x_i^D}{\partial p_i} + \sum_i t_i \frac{x_i^D}{(1-\psi_i)^2} \frac{d\psi_i}{dp_i} \right) = 0 \qquad (7)$$

其中 $\tilde{\eta}$ 为拉格朗日乘数。运用斯拉斯基方程，方程（7）可表示成弹性形式如下：

$$\frac{1}{(1-\psi_i)} \frac{t_i}{p_i} \varepsilon_{ii}^D + \frac{\psi_i}{(1-\psi_i)} \frac{t_i}{p_i} \varepsilon_{ii}^\psi = \frac{\tilde{\beta}}{\Delta} \qquad (8)$$

将方程（4）代入方程（8）中，我们可以得到：

$$\frac{t_i}{p_i} = \frac{\tilde{\beta}}{\Delta} \frac{1}{[(1-\psi_i)\varepsilon_{ii}^D + \psi_i(\varepsilon_i^{\Omega p_i}\varepsilon_i^{x^T(\Omega)} + \varepsilon_i^T)]} \qquad (9)$$

其中 ε_{ii} 表示商品 i 自身的需求价格弹性，Δ 表示斯拉斯基矩阵的行列式，$\tilde{\beta}$ 的表示如下：

$$\tilde{\beta} = \frac{1/(1-\psi_i)\tilde{\eta} - \tilde{\alpha}}{\tilde{\eta}} \qquad (10)$$

其中：

$$\tilde{\alpha} = \gamma + \tilde{\eta} \sum_i t_i \frac{\partial x_i^D}{\partial y^D} + \tilde{\eta} \sum_i t_i \frac{\partial x_i^T}{\partial y^T} \left(\frac{\psi_i}{1-\psi_i} \right) \qquad (11)$$

$\tilde{\alpha}$ 表示社会收入的边际效用，而 γ 表示消费者收入的边际效用。如阿特金森和斯蒂格利茨（1980:373 - 375）所述，$(\tilde{\eta} - \tilde{\alpha})$ 表示间接税的边际超额负担。在没有游客的情况下，$\tilde{\alpha}$ 如方程（11）所示，但无 $\tilde{\eta} \sum_i t_i \frac{\partial x_i^T}{\partial y^T} \left(\frac{\psi_i}{1-\psi_i} \right)$ 项，因而比有游客时的值要小。$\tilde{\eta}$ 表示增加一美元收入效用产生的隐性成本。为了求得 $\tilde{\eta}$，我们对由等式（6）表示的收入约束下所列的拉格朗日函数求 $\tilde{\eta}$ 的微分，然后将其代入方程（7），求得 $\tilde{\eta}$ 如下：

$$\tilde{\eta} = \frac{\gamma x_i^D}{R \sum_i \frac{1}{(x_i^D + x_i^T)} \left(\frac{\partial x_i^D}{\partial p_i} + \frac{\partial x_i^T}{\partial p_i} \right) + x_i^D + x_i^T} \qquad (12)$$

在无游客的情况下 $\tilde{\eta}$ 值为：

$$\eta = \frac{\gamma x_i^D}{R \sum_i \frac{1}{x_i^D}\left(\frac{\partial x_i^D}{\partial p_i}\right) + x_i^D} \tag{13}$$

尽管征税对国内消费者剩余(分子)的影响在两种情况下相同,但收入效用(分母)在有游客时[方程(12)]比无游客时[方程(13)]要大。在有游客存在的情况下 $\tilde{\eta}$ 值较小。当隐性成本($\tilde{\eta}$)较小,社会边际收入效应($\tilde{\alpha}$)较大时,在有游客时税收超额负担比无游客时要小。根本原因在于当假定社会福利函数不包括旅游者的福利时,对游客征税会增加税收收入,而没有减少任何社会福利。因此,对旅游相关部门征税相对更有效率。效率越高,旅游需求占总需求的比例也越大。

著名的拉姆齐反弹性法则指出对具有相对较小需求价格弹性的商品征收较高比例税收,也就是说,在税率既定时,商品的需求价格弹性越小越有效率。需求的价格弹性在公式(9)中分母的方括号中给出,它是国内需求和总旅游需求价格弹性的加权平均值。在无旅游者的情况下,需求价格弹性为 ε_{ii}^D。因此,只有当总的旅游需求比国内需求更缺乏弹性时,在有旅游者存在情况下的需求价格弹性小于没有旅游者存在情况下的需求价格弹性。在此情况下,最优税收理论表明为了最大化福利,对一些商品在有旅游者时比无旅游者时需要征收更高的税率。从另一角度来看,在有旅游者的情况下,对这些商品实行高税率比没有旅游者时可以获得更好的福利效应。

3.4.2 再分配效应

一些国家的税收收入主要来源于间接税,销售税(或增值税)作为主要的收入再分配机制。Diamond 和 Mirrlees(1971a,b)将拉姆齐模型进行扩展,在消费者众多的情况下来研究间接税的再分配效应。我们运用这一模型来分析旅游税收的再分配效应。该模型与前面所述模型类似,但假设社会福利函数是由一些家庭组的效用函数构成,会随着收入水平不同而不同。假设存在 H 个国内家庭组,社会福利函数如下所示：

$$W = W[V^1(p,y^1), V^2(p,y^2), \ldots, V^h(p,y^h)] \quad (14)$$

其中 $V^h(p,y^h)$ 和 y^h 分别表示间接效用函数和家庭组 h 的收入水平。在既定的税收收入水平下，实现方程(14)最大化，可得到如下拉格朗日函数：

$$L = W[V^1(p,y^1), V^2(p,y^2), \ldots, V^h(p,y^h)] + \eta[\sum_{i=1}^{n} t_i \{\sum_{h=1}^{H} x_i^h\} + \sum_i t_i x_i^T - \overline{R}] \quad (15)$$

其中 x_i^h 表示家庭 h 对商品 i 的消费量。这就得到最优商品税的如下 N + 1 个一阶条件：

$$-\sum_h W_h \gamma^h x_i^h + \eta[x_i^D + x_i^T + \sum_i t_i \sum_h \frac{\partial x_i^T}{\partial p_i} + \sum_i t_i \frac{\alpha x_i^T}{\alpha p_i}] = 0 \quad (16)$$

其中 $W_h = \partial W / \partial V^h$，$\gamma^h = dV^h / dy^h$ 和 $x_i^D = \sum_h x_i^h$。

运用斯拉斯基方程，一阶条件可用以下弹性形式表示：

$$\frac{t_i}{p_i} = \frac{\tilde{\beta}}{\Delta} \frac{1}{[(1-\psi_i)\overline{\varepsilon}_{ii}^D + \psi_i \overline{\varepsilon}_{ii}^T]} \quad (17)$$

其中 $\overline{\varepsilon}_{ii}^D$ 表示将每一家庭的需求占国内总需求的比例作为权重，对每家庭组的国内需求的价格弹性求平均值。由方程(4)可知，旅游需求价格弹性($\overline{\varepsilon}_{ii}^T$)为 $\varepsilon_i^{x^T(\Omega)} \varepsilon_i^{\Omega(p_k)} + \varepsilon_i^T$。$\tilde{\beta}$ 在方程(10)中给出。将需求总的价格弹性记为 $\overline{\varepsilon_{ii}}(=[1-\psi_i]\overline{\varepsilon}_{ii}^D + \psi_i \overline{\varepsilon}_{ii}^T)$，且假设两种商品(j 和 k)之间的交叉弹性为 0，即 $s_{jk} = 0 (j \neq k)$，方程(17)可表示为：

$$\frac{\tau_j}{\tau_k} = \frac{\varepsilon_{kk}}{\varepsilon_{jj}} \left[\frac{\eta - (1-\psi_j)\overline{\alpha_j}}{\eta - (1-\psi_k)\overline{\alpha_k}}\right] \quad (18)$$

其中 $\tau_i = \frac{t_i}{p_i}$。

可见拉姆齐反弹性法则仍然成立(ε_{jj} 越小意味着 τ_j 越大)，但是需要对反映分配效应的 $\overline{\alpha_i}$ 进行修正。考虑 Feldstein(1972)的 $\overline{\alpha_i}$ 公式：

$$\overline{\alpha_i} = \text{cov}\left[\left(\frac{x_i^h}{x_i}\right), \alpha^h\right] + \frac{1}{H} \sum_h \alpha^h \quad (19)$$

$\overline{\alpha_i}$ 与 α^h(家庭 h 的社会边际效用)和 $\frac{x_i^h}{x_i}$ 与 α^h 之间的协方差直接相关。

Feldstein 指出协方差越小表明商品为奢侈品。这是因为奢侈品的预算份额 $\frac{x_i^h}{x_i}$ 会随收入增加而增加,而收入的边际效用会随着收入的增加而下降,因此预算份额 $\frac{x_i^h}{x_i}$ 会随收入的边际效用的降低而减少。此外,由于社会的边际收入效用 (α^h) 与收入水平负相关,越富裕的人 α^h 越小,因而 $\overline{\alpha_i}$ 越小。①

旅游商品在分类上,不但是休闲物品,而且还是奢侈品,因此我们希望收入边际效用与商品份额的协方差越小越好。此外,旅游商品主要是被本地居民中相对富裕的家庭组所消费,而他们的边际收入效用较小,较低的 α^h 和较小 $\text{cov}\left[\left(\frac{x_i^h}{x_i}\right), \alpha^h\right]$ 与旅游商品有关,为了收入分配目的,可以对旅游相关产品征收较高的税率。由此类推,对旅游相关产品征税可以改善收入分配状况。因此,分析表明,对旅游商品征较高的税是由产品及国内消费者的特性决定的。由于我们关心的是在国内居民之间的公平效应,国内需求占总需求的比重越高,再分配效应越大,也就是说,方程(18)中的 $(1-\psi_j)$ 越大。然而,从前面的讨论可知,国内需求所占比重越大就会降低对旅游征税的正效应。这是在公平与效率目标之间经常权衡的另一形式。

总之,把旅游需求分为微观旅游需求和宏观旅游需求对分析旅游业课税问题是非常重要的。通过假定游客在旅游时,其需求的变化定义为微观旅游需求;而估测是否要进行旅游的人数来反映宏观旅游需求。在模型中将旅游需求作为内生变量和外生变量会得出不同的结论。

对旅游业征税的高效率有利于税制设计,尤其是适用于那些税制结构复杂且过于依赖贸易税的发展中国家。由于大部分旅游商品为奢侈品,而在国内,只有较高收入阶层消费这些商品,因此,对旅游业征税,同样也有利于公平。另外,旅游为劳动密集型部门,对旅游业征税也会存在不利于公平的负效应。

除了效率和公平的问题之外,对旅游业征税还有其他方面的经济影响,如影响价格水平、改变消费和贸易平衡。因此,政府必须考虑这些方面的影响,同

---

① Gooroochurn N,沈腊梅译. 旅游业课税:理论研究与实证考察[J]. 经济资料译丛,2009(9).

时要确保对旅游部门增税后不会对旅游业产生巨大的影响,以导致旅游业出现衰退。短期内,对旅游业征税不仅能获得税收收入而且有利于收入分配公平,但从长期看,可能对旅游目的地的国际竞争力有影响,阻碍旅游业的可持续发展。一国旅游业发展到一定程度适当提高税负不仅有利于提高经济效率而且有利于公平分配。因此,我国应该采取"有增有减,以增为主"的原则来完善我国目前的旅游税收制度,以发挥其应有的效率和公平效应。

3.5 对旅游征税的主要争论

近年来,世界各国越来越关注旅游税收问题,针对本国居民出境旅游、入境旅游、特定条件下的国内旅游直接、间接征税日趋严重。对于旅游业税收有着截然相反的观点。

支持征收旅游税收的观点:旅游业和其他所有经济部门一样,都必须缴纳税收满足政府公共支出的需要;旅游消费是一种奢侈性消费,征收较高的税收,能够体现税收公平;在旅游目的地游客以较低的成本就可以享受与本地居民同样的公共服务,因此会出现外地游客"搭便车"的行为,而税收是解决这一问题的主要措施;因为外国游客不能行使本国人民的参政议政权利,所以对入境游客征税不会从根本上动摇和影响本国政府形象、声誉、地位。另外,对于环境自净能力较差的景区而言,税收一方面可以通过控制需求,减少环境污染,另一方面也可以通过税收来补偿维护环境所需费用。

反对征收旅游税收的观点:旅游税可能会导致旅游区之间竞争的扭曲,同时导致旅游企业经营成本增加;旅游需求是富于弹性的,对价格比较敏感,旅游税收可能导致旅游需求的大幅减少,最终不是税收收入的增加,而是税收收入的减少,不能实现各国政府部门的期望。

此外,政府征收旅游税如同征收贸易税一样可以带来税收收入,但如果某国认为对本国公民不公平,就会实施报复性税收政策。例如,肯尼亚和坦桑尼亚对英国征收的签证费实施报复。报复性旅游税收始终都存在,并且在大多数情况下,两国居民实际福利会下降(Tisdell,1983)。

总之,税收与旅游产业之间具有良性互动的内在要求。公共产品理论和外部性理论解释了对旅游业征税的理论性原因,税收原则理论解释了应该如何对旅游业征税,旅游税收理论解释了对旅游业征税产生的影响。旅游业在各个国家所处的发展阶段不一样,在经济结构中的地位和作用也不同,并且由于分析角度的不同,就旅游业征税产生了不同的观点,这些理论观点为我们从不同角度分析问题奠定了坚实的理论基础。

4 旅游税收的国际经验借鉴

在旅游业发展的早期,由于旅游税收收入在政府财政收入中的地位不高,因此,各个国家对旅游业一般是免税的。然而,随着旅游业的迅速发展,越来越多的国家对旅游者购买的物品和服务征税。各个国家政府对旅游业征税有一个逐步发展的过程。增值税是目前欧洲一些国家对旅游业征收的最主要税种。20世纪80年代以来,有一些国家开始对本国居民出境旅游征收旅游税。如对每位乘定期航班出境的旅游者征收出境税是目前斯堪的纳维亚地区国家的普遍做法。

4.1 世界各国旅游税收基本状况

根据前文可知,旅游税收主要包括两大类:一类是一般意义上的税收,如所得税、关税、营业税、消费税等,这类税收与其他经济部门的税收没有本质区别。另一类是针对旅游业中的特定行为征收的税收,本书在绪论部分把它定义为旅游税,又因征税的环节和方式不同,各个国家具体旅游税种名称各异,如离境税、外国旅游者入境税等旅游税。

世界旅游组织(1998)指出在发达国家和发展中国家有40个不同类型的税收被应用到旅游业,如表4-1所示。其中包括那些由游客承担的涉及自然环境的税种和一般税种。表4-1所列的45个税种中,由游客直接支付的旅游税种有30个,另外,还包括向为旅游者生产商品和提供服务的企业征收的税种15个。

根据表4-1,可以把与旅游税收密切相关的行业部门(即旅游业)分为宾馆餐饮部门、食品饮料部门、旅游服务提供部门、航空公司及机场部门、道路交通部门5大类,从表中可以看出对这些部门实际征收的旅游税种。下面从对旅游征收的一般税收和直接针对旅游行为征收的旅游税两个方面来阐述。

表4-1 世界旅游税收类别

	SECTOR	NAME OF TAX	PAYABLE BY
1	Entry/Exit Taxes	Resident departure tax/Foreign travel tax	Customer
2		Visa/travel permit	Customer
3	Air Travel	Air passenger duty	Customer
4		Air ticket tax	Customer
5		Airline fuel tax	Business
6	Airports/Sea	Departure tax	Customer
7	Ports/Road	Passenger service tax	Customer
8	Borders	Airport security tax	Customer
9		Airport parking tax	Customer
10		Transit taxes	Customer
11		Trekking/mountaineering fees	Customer
12	Hotels/	Bed night tax	Customer
13	Accommodation	Bed tax	Customer
14		Occupancy tax	Customer
15		Differential VAT rate	Customer
16		Surtax	Customer
17		Sales tax	Customer
18		Service tax	Customer
19		Turnover tax	Business
20		Hotel and restaurant tax	Customer
21		Temporary lodging tax	Customer

续表

	SECTOR	NAME OF TAX	PAYABLE BY
22		Hotel accommodation tax	Customer
23		Lodging tax	Customer
24		Fringe benefit tax	Business
25		Payroll tax	Business
26		Customs and excise	Business
27	Restaurants	Sales tax/VAT	Customer
28		Liquor taxes/duties	Business
29	Road taxes	Toll charges	Customer
30		Fuel taxes/duties	Business
31	Car rental	Municipal/local tax	Customer
32		Purchase duty	Business
33		Petrol/diesel duty	Customer
34	Coaches	Purchase duty	Customer
35		Specific additional tax	Business
36		Tourist transport tax	Customer
37	Visitor affrications	Visitor attractions tax	Customer
38		VAT and sales tax	Customer
39	Training	Industry training tax	Business
40		Catering tax	Business
41	Environment	Eco – tourism tax	Business
42		Carbon tax	Business
43		Landfill tax	Business
44	Gambling	Betting tax	Business
45		Casino tax	Customer

Source: Adapted from WTO(1998), 转引自 Nishaal Gooroochurn and M. Thea Sindair(2005) Econmic of tourism taxation Evidence from Mauritius.

4.1.1　通过一般税收对旅游行业征税

通过一般税收形式对旅游行业征税包括对旅游相关企业和旅游者征收一般税收两部分。一般税收不是专门针对旅游者的旅游行为征收的税收,它没有区分旅游者和本地居民,二者都纳税。

我们通常所说的营业税或销售税、增值税(VAT)等是支出税类的一般形式。纵观世界各国的旅游税制,增值税或销售税是几乎所有国家都普遍征收的税种。因此,只要征收了增值税这一税种,实际上政府就已经对旅游者征税了。有些国家按照最优课税理论原则,区别对待国内和国际旅游消费,结果是对旅游者的消费征收额外的旅游税或者是对国际旅游消费品征收较高的税收。然而,这样做的结果会产生严重的税收征收和管理问题。

目前世界上许多发达国家的旅游业缴纳的主要税种是增值税,而不是营业税和所得税。世界各国主要是通过增值税对旅游业课税。根据国际饭店协会对44个开征旅游税收国家的调查结果显示,有28个国家对旅游业征收增值税,而又有14个国家实行优惠税率的增值税。西班牙的旅游业如餐饮、星级酒店服务及其提供的演出等混合服务、旅行社、行李运输等部门主要缴纳增值税;英国政府针对旅游者征收的增值税达数亿英镑,英国旅游局多年来试图降低对外国旅游者征收的增值税的税率,但都以失败而告终。从2002年起,保加利亚为了帮助行业竞争及弥补外贸赤字也开始对旅游业征收增值税。

日本的旅游税制是建立在以消费税为主体税种的基础之上的。日本专门开征了矿泉浴税,目的是筹措矿泉所在地的旅游设施、消防设施、环境卫生设施、矿泉保护设施等基础设施所需费用,还对饮食店、旅游餐馆、旅馆、出租会场等场所的饮食与娱乐、住宿休息等使用行为征收特别地方消费税,对旅游场所的高尔夫球场、弹球盘、麻将、保龄球、台球、舞厅等娱乐设施的使用者征收高尔夫球场使用税。①

较为普通的环境税种主要有碳税和垃圾填埋税,碳税是对释放碳的程度征

---

① 马衍伟,商庆军.世界各国旅游税收的理论分析与成功经验[J].商业研究,2005(15):203-206.

收的税,垃圾填埋税主要是对垃圾征收的税种,旅游者也承担了这两个税种的税负。另外,赌博娱乐在一些国家或地区是合法的,旅游者也可以参与赌博娱乐,但必须承担与这些活动有关的税收。这样的税种一般不直接对赌客征税而是对提供赌博娱乐服务的提供方征税。但是英国早期实行的赌博税是直接对赌博者征收的。现在英国是对记载赌注等资金的账册毛利润征税(Paton 等,2002)。

4.1.2 对旅游行为直接征收旅游税

对旅游者的旅游行为直接征收旅游税,包括针对航空公司及机场部门、道路交通部门、食品饮料部门、旅游服务提供部门等旅游企业征收的税种,其税负主要由旅游者承担,称为旅游税。

另外,还有特别旅游税类,具体指针对旅游者直接征收的各个具体的旅游税税种。表4-1中游客运输税、乘客服务税、宾馆餐饮税、入境/离境税等都是具体的旅游税税种。其中的宾馆餐饮税是最为普遍的旅游税,它是对游客的膳宿支出征收的一种附加税。一般依据宾馆的等级和季节不同确定不同的税率。宾馆餐饮税是一个相对容易征收的税种,尽管有时根据等级确定税率可能出现税收征管的一些问题。牙买加等有些国家,按照定额征收宾馆餐饮税,每晚4~12美元不等,而还有一些国家是按照比例税率从价计征的,但是各个国家征收的税率并不相同,例如格林纳达为7.5%,塞内加尔为12.5%,南非为13%。其中有些国家还开征了单独的旅游税税种,如新加坡单独开征了旅游税。

入境或离境税类中机场离境税是最主要的税种,是对国际游客离开旅游目的地国时征收的一种税,一般采用的是定额征收;另外还有对游客进入旅游目的地国时征收的税种称为机场载客税,它和签证费都是入境税。一般这些税种数额较低,例如,马来西亚、新加坡、菲律宾、印度尼西亚和泰国,这些国家机场离境税在1~6美元之间。而坦桑尼亚、马拉维及赞比亚等一些非洲国家曾征收10美元。

韩国自1997年7月1日起,开始对出国旅游公民征收"出国纳付金",数额是1万韩元,所得税款用作观光振兴开发基金。自2004年7月1日,开始对从韩国各个机场和港口出境的所有旅客征收出境税。乘机旅客离境税含在机票内征收,数额为1万韩元。乘船旅客离境税在办理搭乘手续时缴纳,数额为韩币1000元。其中,乘船儿童不满6岁,乘机婴儿不满2岁以及持有外交官护照的旅客和驻韩外国军人免交离境税。

牙买加为了改善旅游设施,自2004年开始对游客征收入境税,对乘飞机入境的游客,每人征收入境税10美元,乘游轮入境游客征收2美元入境税。意大利自2011年1月1日起对在罗马境内的住宿场所,如宾馆、公寓、度假屋等过夜的游客,征收"旅游税"。四星或五星级宾馆的游客,将每晚缴纳3欧元;其他住宿场所每晚缴纳2欧元,一次最多连续缴纳10天,在退房时缴纳。住在青年旅馆的游客或2岁以下儿童免税。

有一些国家对国内居民和游客进行区别对待。例如,圣卢西亚政府自2006年7月1日起,对外国旅客征收的机场出境税提高到每人每次25美元,对本国人免税。不少政府在机场征收安全税用以帮助机场提供保安服务。另外,道路税也是许多国家一直征收的税收。

此外,随着对生态环境的重视,防止由于过度发展旅游业而对生态环境造成破坏,一些作为国际旅游目的地的国家或地区开始征收生态旅游税,如西班牙巴利阿里群岛(the Balearics)。

4.1.3　各国普遍征收酒店房间税

休斯通过大伦敦理事会对旅游税的几个变量进行检验,其结论是这种税可能会执行有用的功能,但它们不可能作为一个重要的收入来源。如果是这样的话,可以适当了解为什么房间税在世界范围内那么多司法管辖区被作为一种普遍征收的税。

对征收房间税进行经济解释考虑的几个因素:对支出征税比收入征税更趋向于进步;征税容易且征税成本低;非居民是主要纳税群体;旅游业的发展给税收收入奠定了基础;额外费用易于获得补偿。当当地政府面临财政困难,这些要素将是非常有吸引力的。对征收房间税,居民的抗议少于其他的税收,主要税收负担落在非居民身上。

此外,许多国家征收税收而受到的来自旅游者的阻力很小。酒店和汽车旅馆通常是房间税的焦点,因为他们通常在地方当局注册以便申请酒许可或作其他用途。这使得作出特殊规定收税不再必要,因为它可以在登记时征收。随机的例行审计应该是这一切的必要保证。房间税的想法非常简单,即允许各州和地方从由他们管辖地区的旅游者那里获得一些收入。

从1994年起,巴黎市政府开始对住宿各种酒店、旅游公寓和野营等居住形式的旅游者,甚至是游船停靠后船上乘客都征收旅游者居住税,每人每晚交1至7法郎税收。其他邻国如瑞士旅游者每人每夜所交居住税为1至10法郎,奥地利则为1至30法郎,德国为1至17法郎。这样相比较而言,巴黎的旅游者居住税并不高。

表4-2 世界征收的房间税(1981)

US states	Range				
Alabama	7%	South Dakota	5%-7%	Brazil	10%
Alaska	8%	Tennesse	6%-11%	Chile	20%
Arizona	4%	Texas	6%-7%	Honduras	3%
Arkansas	3%	Utah	7.75%-8%	Panama	10%
California	6%-7.5% -9.75%	Vermont	5%	Peru	13%
		Virginia	4%-8%	Venezuela	No tax
		Washington	5%-5.4%		
Colorado	4%-5%-8%	West Virginia	3%	Europe	
Connecticut	7%-5%	Wisconsin	4%-8%	Austria	tax in room rates
Delaware	6%	Wyoming	3%-4%		
District of Columbia	10%	Canada		Belgium	tax in room rates
Florida	4%-6%	Alberta	No room tax	France	17.6%
Georgia	3%-7%			Denmark	22%
Hawall	4%	British Columbia	8%	Puland	60 cents/person/night
Idaho	3%-10%	Manitoba	5%		

Illinois	5%–9.1%	New Brunswick	8%	Yugoslavia	$1 per night
Indiana	4%–9%	Newfoundland	11%	Italy	360 lira/person/nighe
Iowa	3%–8%	Nova Scotia	8%		
Kansas	3.5%–7%	Ontario	7%	West Germany	tax in room rate
Kentucky	6%–9.2	Ouebec	No room tax		
Louisiana	7%–10%	Saskatchewan	5%	Middle East	
Maine	5%			Jordan	10%
Maryland	5%–11%	Caribbean and westernhemisphere islands		Turkey Egypt	3% 2.2%–5.5%
Massachusetts	5.7%	Netherlands Antilles	5%	Tunisia	8.66%
Michigan	4%–6%			Dubai	5%
Minnesota	4%	Bahamas	6%	United Arab Emirates	5%
Mississippi	5%–8%				
Missouri	4.125%–7.625%	Jamaica	winter: $6/room/night Summer: $4/room/night	Oman	5%
Montana	No Tax			Far East	
Nebraska	4%–6%	Dominican Republic	5%	Hong Kong	4%
Nevada	6%			India	22%
New Hampshire	6%	Barbados	8%	Japan	10%
New Jersey	5%	Bermuda	5%	Malaysia	5%
New Mexico	6%–7%	Cayman Islands	5%	Pakistan	15%
New York	7%–9%	Grenada	7.5%	Philippines	10%
North Carolina	4%	Haiti	5%	Singapore	3%
North Dakota	3%	Puerto Rico	6%	Sri Lanka	tax in room rate

续表

Ohio	5.5% – 11.5%	St. Thomas	5%	Taiwan	no room tax
Oklahoma	4% – 8%	Trinidad	3%	Thailand	16.5%
Oregon	5% – 6%			Korea	10% No tax to foreigners
Pennsylvania	6%	Central and south america			
Rhode lsland	5.7% – 8%	Mexico	10%		
South Carolina	4%	Bolivia	25%	South Africa	4%

Source: Holiday Inn International and Sheraton Hotels and Inns.

由于各个国家实行的旅游税收制度不同,因此,对旅游税种的叫法也不尽相同。但是,旅游所得税、旅游商品税、旅游财产税以及特定旅游税等都是大多数国家的旅游税类。在我国,虽然没有一个具体的针对旅游征收的税种,但是差不多所有税种都与旅游相关。

4.2　入境游客购物退税制度

入境游客购物退税制度,是指旅游目的地国家将外国旅游者在本国购买并带出境消费的商品价格中所含间接税退还给外国旅游者的一项制度。瑞典在20世纪80年代初期,率先实施了这一政策。该政策内容规定:入境旅游者凭借购物时购物商店提供的注有"税金已付"字样并已填好本人有关详细信息的免税购物单和售货员已经加封的购物品袋,可以在其出境时将所付增值税退回,并交纳一定的手续费。目前,日本、韩国、新加坡和欧盟主要成员国等约50多个国家都已经实行了这一制度,已经形成国际惯例。

在一国消费另一国生产的商品,如果双方都行使各自的税收管辖权,那么,这种商品就会被双重征税,会提高出口商品的成本,这样就会违背合理公平税收负担的原则,同时,也不符合国民待遇原则。因此,为了避免重复征税,防止相互报复,减少贸易摩擦,一般出口国会放弃征税权,通过对出口货物实行全额退税或者对出口商品实行免税,使出口产品不含出口国税收成本进入国际市场。这一制度已经成为了国际惯例。入境游客购物退税制度和出口退税相同，也是根据消费地原则进行课税的制度，进而协调国与国之间的商品税收问题，这样可以吸引旅游者来从事旅游、休闲与购物活动，从而推动本国旅游业发展。入境旅客购物退税制度主要包含以下几个方面的内容。

4.2.1 入境游客购物退税的基本条件

实行入境游客购物退税的国家大都对退税的基本条件做了一定限制，具体包括：绝大多数国家都将非本国居民作为退税对象，一般都是个人或家庭使用的商品，用于商业用途的商品除外。所购买的商品都在境外使用，在旅游目的地国境内不得使用。同时，在一个商店一次购物或一天购物必须超过最低购货限额才能办理退税。在办理退税程序时，必须提供购物的原始发票，在海关验货盖章后方可办理退税。

非欧盟成员国公民是欧盟国家游客购物的退税对象，其退税的条件是在本国连续居住不超过 6 个月，在游客离开欧盟给予退税。如果超过 6 个月，则只对离境前 3 个月内所购买的商品给予退税。新加坡则制定了时间标准，规定在过去 24 个月内在新加坡居住不满 365 天的游客可以申请退税。泰国规定外国航班机组人员不能申请退税，如果在泰国停留超过 180 天认为是长期居住，也不能申请退税。加拿大对入境游客退税的对象规定较为宽松，除了入境游客可申请退税外，西部阿尔伯塔省的居民到安大略购物同样可以申请退还安大略省的消费税。欧洲各国对货物离境时间要求 3 个月，新加坡和加拿大规定 60 天。

4.2.2 购物最低限额、退税率和退税商品限制

根据世界著名退税机构全球回报公司的资料显示，自 2006 年 9 月 1 日起，非欧盟国家的游客在荷兰的购物最低退税限额为同一天同一家商店内消费满 50 欧元及以上可以退增值税。法国的退税门槛为同一天在同一家商店消费 175 欧元、意大利为 154.94 欧元，而德国的退税门槛为 25 欧元、英国为 30 欧

元。① 一般最低购物限额的设置会综合考虑消费水平差异、游客平均购物金额和简化退税业务等因素。

购物退税从理论上要全额退还境外游客购物支付的间接税。退税率都采用本国增值税的征税率，一般在5%到25%之间，绝大部分在15%以上。退税率差异也存在于同一国家内部，比如葡萄牙大陆的退税率为20%，而亚述尔群岛仅为14%。此外，退税率也不是固定不变的，如英国的退税率2008年12月1日从17.5%下调到15%，2010年1月1日将恢复为17.5%。

加拿大对不同地区实行的税种和税率不同。在加拿大的10个省和3个地区中，除了新不伦瑞克、新斯科舍、纽芬兰-拉布拉多省购买商品要缴纳15%的货物税之外，其他各省的纳税人则要缴纳7%的联邦消费税。另外，有些地区还会加征省商品税，如在安大略省征收税率为8%的省商品税。根据海关税收署的规定，在加拿大购物的外国游客如果缴纳了货物税、联邦消费税和省商品税，都可以申请退税。由于征税政策不同，因此，退税率也不尽相同。

表4-3 全球各退税国家净增值税率及最低购物退税限额

国家	净增值税率	最低购物退税限额（当地币种）
阿根廷	17.35%	70阿根廷比索
奥地利*	16.7%	75.01欧元
比利时*	17.35%	125.01欧元
加拿大	6.5%	每家商店50加元，总额200加元
克罗地亚	18%	501克罗地亚第纳尔
塞浦路斯*	13.05%	100塞镑
捷克共和国*	15.97%	2001捷克克朗
丹麦*	20%	300丹麦克朗
芬兰*	18.03%	40欧元
法国*	16.38%	175.01欧元

---

① 刘焰.广东省旅游税收优惠政策初探[J].科技创业月刊,2009(12):129-131.

续表

国家	净增值税率	最低购物退税限额(当地币种)
德国*	15.97%	25 欧元
希腊*	15.3%	120 欧元
荷兰*	15.97%	50 欧元
匈牙利*	20%	45 000 匈牙利福林
冰岛	19.7%	4000 冰岛克朗
爱尔兰*	16.7%	无下限
意大利*	16.6%	154.94 欧元
黎巴嫩	9.09%	150.000 黎镑
卢森堡*	13.04%	74 欧元
挪威	20%	315 挪威克朗
波兰*	18%	200 波兰兹罗提
葡萄牙*	21%	60.35 欧元
新加坡	4.76%	100 新元
斯洛伐克*	15.97%	5001 斯洛伐克克朗
斯洛文尼亚*	16.67%	15001 斯洛文尼亚托拉尔
韩国	9.1%	30 000 韩元
西班牙*	13.8%	90.15 欧元
瑞典*	20%	200 瑞典克朗
瑞士	7.06%	400 瑞士法郎
土耳其	15.25%	118 土耳其里拉
英国*	14.89%	30 英镑

根据相关资料和数据整理。

在实施购物退税制度的国家中,大多数国家一般对本国征收了增值税和消费税的商品均予以退税,但有些国家对部分商品不退税。如英国政府对书、童装、易耗品、大多数食品、服务和餐宿不退税;芬兰政府对酒水饮料、书、烟草制品和服务不退税;加拿大政府对食品饮料、葡萄酒、啤酒及其他酒精饮料、烟草制品、旅行车及游船费、服务费、交通费、露营、娱乐活动和汽油、帐篷及租船费等都不退税。但游客住在同一家旅馆或野营地,只要时间不超过 30 天,可以申请退税。包括游客在野营地交付的水、电、垃圾处理费等都可申请退税。另外,由加拿大当地旅行社组织的旅游套餐活动,其中包含的交通、食宿、导游和门票费等都可以一并退税。

4.2.3 入境游客购物退税模式与程序

由于税制结构的差别,各国退税的具体方式不同。根据办理退税的主体不同,具体可以分为代理公司退税、购物商场退税和政府退税等三种退税模式。

1. 代理公司退税模式及程序。这种退税类型是由政府授权专业代理公司具体办理购物退税业务,首先由专业代理公司先期垫付退税款,然后凭有关单据再向政府申报退税。目前大多数国家都采用这一模式。政府委托专业代理公司在港口、机场等出境口岸设立退税点,具体为游客办理退税。政府采用这一退税类型主要是为了避免烦琐和零散退税事务。这一退税类型的具体操作程序是境外游客在指定的退税购物商店购买商品,支付价款和税款。如果超过规定的最低限额,由退税购物商店对游客护照、发票及商品进行核验后,帮助游客填写退税单。如果旅游者在规定时限内离境,再经过海关验证所购商品、发票和退税单后,就可以到退税点办理退税手续。退税点可以支付现金,也可以通过信用卡或银行卡转账,然后将退税单汇总到代理公司,最终由公司统一向税务机关申报退税。最早实行购物退税的瑞典就是采用的这一模式。

2. 购物商店退税模式与程序。这一类型是政府直接授权零售店办理入境游客购物退税事务。目前只有法国等少数国家实行这一模式进行退税。具体退税程序是在退税购物商店,如果境外旅游者购买的商品超过最低限额并且在规定时限内离境,同时通过专用信箱将海关验证的退税单寄回购物商店。当购物商店收到退税单后,会将退税款划入游客指定的银行卡或者是信用卡中。为了方便游客,有的商场直接进行现金退税或把税款从价款中直接扣除,但必须用信用卡作抵押。这种退税模式比较零散、复杂,法国很多商场逐渐选择专业代理公司进行退税业务,但收费相对较高。法国已经逐步发展为商店与代理公司相结合退税的退税模式。

3. 政府退税模式与程序。这种模式是由专业代理公司和税务部门共同办理入境游客购物退税业务。目前只有加拿大实行这种退税模式。加拿大在税务局设立退税中心具体办理入境游客购物退税业务。具体退税程序为:游客回国后上网下载并填写好退税申请表,退税申请表也可以在购物时向商店索取,然后把退税申请表和离境时海关验证盖章的凭证一起寄给退税中心,退税中心审核申请材料合格之后,会在三个月左右将退税款划入游客指定的账户,并收取20%的手续费。①

4.2.4 小结

综上所述,在实施购物退税制度方面,各个国家有四点相同。第一点,都是对境内购买、境外消费的商品进行退税,无法带离国境的商品一般不在退税范围之内;第二点,主要退还国内流通环节的税收,基本上不涉及其他环节的税收;第三点,把原始购物发票作为退税凭证;第四点,一般是在通过海关后的"隔离区"进行退税,也有个别国家和地区采取离境后由消费者邮寄购物凭证再退税的办法(孙钢,2010)。

在实施离境购物退税政策方面各个国家的做法有些不同,主要表现在以下几个方面:一是对于退税商品范围各个国家的规定有不同之处;二是各国对退税商品的购买场所规定不同,有的规定特定商场购买,也有的国家规定必须有专门发票才能退税,但也有一些国家对这些规定不严;三是对退税主体停留时间规定不同,这样才能体现这项政策是针对游客的这一宗旨;四是退税手续费用不同,有高有低,有的高达退税额的40%~50%;五是各个国家规定的最低退税额不同以及退税的方式不相同,有的国家是直接退现金,有的国家是把退税款划入游客银行卡或者信用卡;六是各国对退税程序规定宽严不同。②

---

① 陈洪宛,孙俊.入境游客购物退税的国际比较及对我国的启示[J].中国财政,2009(23):67-68.
② 厉征.财税专家认为国际旅游岛购物退税政策有很大吸引力[N].中国税务报,2010-01-11.

在方便游客简化购物退税程序方面新加坡的经验值得借鉴。新加坡税务局和环球蓝联公司在 2011 年 5 月共同推出新的电子旅客退税计划(electronic Tourist Refund Scheme,简称 eTRS)。旅客可选一张自己的信用卡作为退税卡,记录在新加坡全部购物的情况。在离境时,旅客到机场内 eTRS 退税服务器上,刷一下护照和信用卡,就能获得在新加坡旅行期间的购物单。然后,旅客通过退税服务器,选择将消费税退款直接转入自己的信用卡。这一系统与通过退税表格申请退税相比,旅客不再为每项购物填写表格,离境时也省去了排队申请、索取退款的复杂程序。电子退税服务简化了整个程序,旅客退税所需的时间缩短了八成。[1]

4.3 旅客购物离岛免税政策

通过实行"购物退税"政策,对国外旅游者给予税收优惠,对扩大消费、促进旅游产业的发展起到了积极的作用。在这一政策的基础之上,我国台湾澎湖地区、韩国济州岛和日本冲绳分别结合各自的具体情况,把这一政策进一步创新,形成了独具特色的"离岛免税"政策,让本国、本地区居民也可以享受税收优惠待遇。

4.3.1 韩国济州"离岛免税"政策

韩国政府在 2002 年 1 月颁布了《济州国际自由城市特别法》,把济州岛的特区地位通过法律形式确定下来。通过对特别法中"租税特别措施"的运用,实行离岛免税政策。设立由韩国 JDC 负责经营的市内和机场免税店。2002 年 12 月,JDC 免税店开业第一年,就实现销售额 8300 万美元,购物顾客达 124 万人次,占当年韩国国内航班及轮船离境人数的 21%,其中 98.6% 为国内游客。

离岛免税政策的实施对韩国济州地区旅游产业起到了积极的促进作用。为适应经济发展的需要,韩国又适时调整了"离岛免税"政策的有关内容,增加

---

[1] 胡清颀. 新加坡购物离境退税政策的启示[J]. 上海商业,2012(6):12-13.

免税店门店的数量,将一年限购的次数从 4 次调至 6 次、每次限购金额也从 35 万韩元上调至 40 万韩元。2009 年 3 月,济州观光公社 JTO 在济州国际会议中心开设市内离岛免税店。至此形成了 JDC 和 JTO 共同运营离岛免税的格局。

韩国济州离岛免税政策主要规定了免税对象、免税店商品货物的种类、免税种类、免税限额以及经营形式和主要运营商,如表 4-4 所示:

表 4-4 韩国济州岛离岛免税政策内容

关键词	政策主要内容
经营格局	JDC 和 JTO 成为济州岛仅有的两个离岛免税运营商,JDC 是国家设立的国营企业,而 JTO 是隶属于济州岛地方政府的企业
经营形式	机场免税店和济州国际会议中心市内免税店
免税区域	韩国济州岛
免税种类	增值税、个别消费税、酒税、关税及烟草消费税
免税对象	从济州岛乘飞机或船舶前往济州特别自治道以外地区的 19 岁以上的本国及外国人员
免税额度	每人每次免税购物总额 40 万韩元以内。一年可免税购物 6 次。对于免税酒类,赴济州特别自治道旅游的游客每人每次可限购 1 瓶;对于免税烟草,济州特别自治道旅游的游客每人每次可购 10 盒(1 条)以下
免税商品	酒类、烟草、计时表、化妆品、香水、手包、钱包、腰带、太阳镜、饼干类、人参类、领带、围巾、贴身饰品、文具类、玩具类、打火机等类商品
提货方式	市内免税店按"店内购物、离境口岸提货"模式

4.3.2 日本冲绳"离岛免税"政策

冲绳岛是琉球群岛中最大岛屿,南北长 105 公里,宽 31 公里,面积约 182.5 平方公里,人口约 94 万。1998 年,冲绳出台了《冲绳发展特别措施基础》,同年颁布了《冲绳型特定免税店制度》。因《特别措施基础》未能达到预期目标,于 2002 年 3 月出台市内免税购物店制度,同年 4 月正式出台了《冲绳促进法》。目前冲绳共有两家离岛免税店,分别是那霸机场免税店和DFSGALLERIA冲绳市内免税店,由DFS经营管理。冲绳离岛免税政策的具体内容如表4-5所示:

表4-5 日本冲绳岛离岛免税政策内容

关键词	政策主要内容
经营格局	DFS独家经营
经营形式	由那霸机场免税店和DFSGALLERIA市内店组成
免税区域	日本冲绳岛
免税种类	主要是消费税
免税对象	本国本土、本岛以及外国的离岛、离境旅客
免税额度	每次限购20万日元,不销售香烟和本国商品,酒和香水有一定数量限制,无次数限制
免税商品	经营品种包括除烟草外各类免税商品,免税店不能销售本国产品
提货方式	市内免税店按"店内购物、离境口岸提货"模式

4.3.3 中国台湾"离岛免税"政策

为了提升台湾的国际竞争力,促进台湾旅游产业与当地经济的发展,在两岸关系日趋好转的大环境下,为吸引更多大陆和本岛旅客,台湾在金门、马祖、澎湖为主的外岛建立免税特区,设立离岛免税店。这一政策对免税对象、免税额度、免税商品的种类、提货方式等具体细节作了明确规定,具体政策内容如表4-6所示:

表4-6 台湾离岛免税政策内容

关键词	政策主要内容
经营格局	升恒昌公司,澎湖岛大型离港免税购物中心,鹏业国际贸易股份有限公司马祖分公司
经营形式	由市内免税店和机场免税店两部分组成

续表

关键词	政策主要内容
免税区域	台湾金门、马祖、澎湖
免税种类	关税、营业税、货物税、烟酒税及烟品健康福利捐
免税对象	乘坐飞机或轮船离开澎湖、马祖、金门等岛屿的台湾旅客或外国旅客
免税额度以及次数	酒类:每人每次一公升(不限瓶数)以下(全年合计数12次为上限)。烟类:每人每次卷烟200支以下,或每人每次雪茄25支以下,或每人每次烟丝一磅以下(全年合计数以12次为上限)。除烟酒类货物以外,其他商品金额为新台币60000元以下。旅客购买免税商品数量或金额超出限额者,应按照关税法、货物税条例、烟酒税法、加值型及非加值型营业税法规定计算税额
免税商品	外国商品及保税仓库、物流中心、保税工厂、加工出口区、科学工业园区、农业科技园区、自由贸易港区及课税区之产品。包括烟酒、香水化妆品、保养品、皮包皮件、服饰、表笔、珠宝、食品等
提货方式	旅客在机场或港口管制区内指定提货处提货

另外,除了韩国济州岛、日本冲绳及我国台湾地区外,中国的香港也是全球闻名的免税天堂。在香港,除酒精制品和香烟等商品需征收较高的进口税外,其余进入香港的商品一般免税或只征收较低的进口关税。在香港购物,没有商品种类、购物次数与金额方面的限定,适用于所有消费者。在香港购物,消费者享受到税收优惠的待遇。[①]

4.3.4 小结

通过对以上四个地区"离岛免税"政策的分析比较得出以下结论,要实施这一政策,首先,要具备发展旅游业的一定先天条件和区域的地理位置。其次,政府政策大力支持。只有政府给予政策的倾斜,才能有效地促进地区旅游业及经济的发展。另外,这四地都非常重视旅游环境的建设与保护,为"离岛免税"政策实施提供源源不断的客源。对群众生态维护意识的重视、严格科学的管理、

---

① 上海实施"购物免、退税"政策研究课题组,朱桦,王志明.上海实施"购物免、退税"政策研究[J].上海商业,2011(11):20-30.

旅游项目的不断创新有效地保证了旅游与客源的持续增长,是济州岛"离岛免税"政策有效实施不可忽视的因素。除此之外,方便海关对退税物品的监管是实施这一政策不可忽视的基本要求。

4.4　旅游购物免税店体系

免税店业对国际旅游业的发展起到了重要的推动作用。对国际旅游者来讲,在旅行过程中,能够购买免税商品是一种特权,并且已经成为国际旅游的重要支出项目和必要组成部分。1947年,在爱尔兰香侬机场出现了免税店,随后在世界各地迅速发展,形成了现代免税店体系。免税店也从机场、机上、火车站,一直拓展到外交官免税店、边境口岸免税店、客运站等处,市内免税店目前迅速发展。

与其他免税店相比市内免税店稍有不同,二者的区别在于:其他(口岸)免税店都在属于"境内关外"的特殊区域,一般在海关、边检后的隔离区,能够确定旅客购买的商品是带到境外消费的。而市内免税店设在城市内,与其他免税店相比,免税商品监管的难度增加了。但市内免税店的地理位置是其他免税店无法相比的。

在城市商业区的市内免税店不会受到机场、机上和港口等地方经营面积的制约,因此可以提供更多、更丰富的商品。同时,旅客在市内免税店购物要比在其他免税店购物有更充裕的时间,所以越来越多的旅客愿意在市内免税店购物。目前,全球大多数国家和地区都拥有市内免税店,而出境的国内旅客可以在市内免税店购物的政策也已经在美国、韩国、澳大利亚、日本、泰国、菲律宾、巴西等实行。据统计,2010年全球市内免税店销售额达到170亿美元。

目前,我国除了市内免税店发展缓慢外,其他免税店增长非常迅速,也日益成熟。因此,下面先介绍一下世界免税业整体市场情况,然后主要研究世界市内免税店政策,以便全面了解世界市内免税店的成功经验,以期对我国市内免税店发展有所启示。

4.4.1 世界免税业整体市场情况

世界旅游发达国家和地区,在发展旅游业时都非常重视免税业的发展,把它作为提高旅游服务水平和增加旅游外汇的手段之一。随着世界经济和旅游产业的迅速发展,免税品行业销售额增长强劲。在1960年全球免税品零售额仅0.25亿美元。通过10年的发展,到1970年全球免税品零售额已达到4.5亿美元,增长非常迅速,十年增长18倍。

免税品业在20世纪70年代全面发展,在欧美和亚洲地区,免税店纷纷出现。到1980年全球免税品销售额已经超过20亿美元。1980～1995年间,免税品销售额年均增长率达16%。世界免税业的经济规模相当可观,2010年销售额达到390亿美元,比2009年增长13%。根据Generation Research数据显示,免税业2011年总销售额为460亿美元(见表4-7),较上年增长18%。在整个销售额中,机场占据主导地位,占市场近61%,而航空公司占6%,轮渡占5%,市中心、跨境和军用免税店占28%。

表4-7 世界免税行业销售额及增长情况

年份	2011年	2010年	2009年	2008年	2007年	2006年
世界免税销售额(百万美元)	46 000	39 000	34 500	37 000	34 000	29 000
增长率	18.0%	13.0%	-6.8%	8.8%	17.2%	7.4%

数据来源于Generation Research,2012。

在2012年年会上,世界免税协会(TFWA)主席Erik Juul - Mortensen表示,在保持当前发展势头并避免重大危机的情况下,预计旅游零售额到2015年和2020年将分别有望达到600亿美元和1200亿美元。因此,未来免税行业市场潜力巨大,为免税店的发展提供了广阔的空间,尤其是市内免税店,它是未来免税店发展的方向。

4.4.2 韩国市内免税店政策

世界上各个国家市内免税店政策不尽相同,但是比较有代表性的国家是韩国和澳大利亚。韩国市内免税店非常发达,在免税品消费的十大国家和地区中名列前茅。澳大利亚在提货方式上很有特色,采用的是"店内提货,口岸验放"的模式,而大多数国家市内免税店采取的是"店内买单,机场提货"的模式。因此,接下来重点研究这两个国家的市内免税店政策。这一节先梳理韩国的市内免税店政策。

1. 市内免税店的主管部门。韩国保税经销制度审核委员会负责韩国市内免税店的监管,该委员会隶属于韩国海关,韩国的海关机构比较特殊,它隶属于财政部的计划财政部门。韩国保税经销制度审核委员会主要负责以下内容:(1)保税经销特许及海关政策审议及决定;(2)保税经销商申请特许的基本条件及续约条件;(3)保税经销商特许审核委员会的构成及运营方案审议及决定;(4)修改其他保税经销商的制度。

2. 销售对象及时间。即将离境的外国及本国旅客在离境前30天都可以在市内免税店购买。烟酒类商品仅限于19岁以上旅客。

3. 销售商品种类。韩国市内免税店允许销售的商品种类包括烟酒、化妆品、首饰、手表、服装、皮包等。

4. 购买额度。对于出境的国内旅客,市内免税店及出境店合并购买限额为3000美金以下,出境区免税店中销售的物品单价不超过200美金可以不记录个人信息及销售信息。在市内免税店购买的免税物品不得带入韩国境内,但可在前往国家使用或用于馈赠亲友。如果携带免税物品入境,总价超过400美金者,需向海关申报。未申报物品,除应缴关税外,还将追缴附加税。如果故意不申报或虚假申报的,将依法受到惩罚。而对于出境的国外旅客不限制购买额度。

5. 购买流程及提货方式。消费者在韩国市内免税店购物必须提供护照和出发航班信息,结账后收银员会给消费者一张收银条和一张提货券,购买的商品会由免税店发到物流中心再送到指定出发机场的海关,顾客在机场离境区凭借带有本人签名的交换券领取物品。对于韩国本国商品,顾客可以直接从店里提货带走。

4.4.3 澳大利亚市内免税店政策

澳大利亚市内免税店政策与世界上大多数国家最大的不同在于提货方式,采取"店内提货,口岸验放"的模式,就是在市内免税店购买商品并提货,同时向海关申报验收。澳大利亚海关之所以能够实行这一政策,是因为海关有人驻守免税店现场监管,并有严格的申报和监管体系,避免免税产品流入有税市场。接下来简要梳理一下澳大利亚的市内免税店政策措施的主要内容。

1. 市内免税店的主管部门。《海关法》的 96A 相关条例是现行的澳大利亚市内免税店相关规定的法律依据。澳大利亚税务总局负责海关法的总体监管实施,包括市内免税店资格审查和牌照发放。而海关负责海关保税仓库许可证发放和审查。澳大利亚税务总局和海关是主管部门。

2. 供应对象。在澳大利亚市内免税店,确认出境的国际及本国旅客在出境日期前 30 天内都可以凭护照及出境机票在市内免税店购买。

3. 免税限额。澳大利亚对于出境旅客(不分本国旅客和国外旅客)没有明确的免税限额,而是根据旅客出境目的地国制定不同的免税限额。对入境免税限额作了规定:年满 18 岁,一般性商品免税限额 900 澳元,未满 18 岁限额 450 澳元。一般商品包括礼品、纪念品、照相机、电子设备、皮革商品、香水、珠宝、手表和体育设备。年满 18 岁还可以免税带入 2.25 升的酒类商品和一条(250 根)香烟或 250 克雪茄或烟草产品。

4. "店内买单提货,口岸验放"提货模式[①]。

(1)市内免税店销售的商品必须放在透明的密封袋里,以此保证顾客无法私自取出密封袋物品;100ml/g 的液体、气雾剂和凝胶(LAG)物品另外单独存放在一个密封袋里。

(2)根据顾客护照和离境信息生成一式三份的收据,顾客联放在密封袋里,海关联放在防水信封内贴在密封袋外面,最后一联免税店留存。

(3)未装有 100ml/g 以上的 LAG 物品的密封袋顾客必须随身携带出境。

---

① 郝玉柱,李若男.关于我国发展市内免税商店的思考[J].经济纵横,2011(2):41-44.

通关后,第三方免税安检公司会回收密封袋外的收据副联。在回收收据副联前,相关人员会核对封条,确保没有破损,并根据收据上的详细资料核对密封袋里的物品。

(4)市内免税店必须在每个月的 21 个工作日之后月底之前向海关提供销售记录和收据信息,海关会比对免税安检公司收集的收据信息和免税店提供的信息,免税店需要对对不上的收入进行补税。

4.4.4　小结

世界免税业发展迅速,市场潜力巨大。市内免税店因其特有的优势是未来的发展方向。根据对韩国和澳大利亚市内免税店政策的梳理,有很多方面值得借鉴。如韩国对于本国旅客出境购买限额较高为 3000 美金,而入境限额为 400 美金,这样可以有效刺激本国旅客在本国消费,而不是在国外购买,在出境限额和入境限额之间达到较好的平衡。同时,韩国的免税销售和有税销售互补,满足国人的一站式购物需求。并且韩国政府有关政策法规能够有效避免免税市场对有税市场的冲击。另外,在市内免税店必须增设商店总面积的 1/5 以上或 330 平方米以上的国产商品销售区,陈列及销售国产商品,让韩国品牌和国际品牌同台展示竞争,吸引游客购买。这些措施都非常值得学习和借鉴。而澳大利亚的海关监管模式和游客购物提货方式也给我们提供了更多的选择。

4.5　国际经验借鉴与启示

通过上述分析,世界各国的旅游税收政策与实践给我们提供了鲜活的案例,形式多样的国际惯例和具体做法为我国旅游税收实践提供了经验,值得我们学习和借鉴。这对于建立和完善适合我国国情的旅游税收理论和税制模式具有非常重要的意义。主要总结归纳为以下几个方面。

4.5.1　建立科学合理的旅游税收理念

由于科学合理的旅游税收理念能够正确指导旅游税收实践,因此建立起科学合理的旅游税收理念至关重要。在充分认识税收特性及主要功能的基础上，按照效率、公平、简便和有利于巩固旅游业税基进而促进旅游产业健康快速发展的原则和理念进行旅游税制的设计。避免为了满足财政收入的需要，而对旅游业征税，这样会对旅游业的发展产生不利影响，进而导致税收的损失。同时在设计税制时，避免由不同的机构征收多种不同的税收，尽可能减少重复征税。也要做好国家及地区之间的税收协调，防止国家、旅游区之间发生扭曲的税收竞争。

4.5.2 实行抵押税促进旅游产业发展

由产生税收的部门与行业进行支配的税种被称为抵押税。俗称"以旅游养旅游"。从旅游行业征收的税收最终如果用于非旅游部门，会增加旅游行业税收负担，而不利于旅游产业的发展。实行抵押税可以在没有增加整个行业税负的情况下，实现对旅游行业的调控，充分体现税收的职能。如将机票税用于机场设施的改造升级或用于国家整体旅游形象的推广与营销、人才培训等，这样有利于旅游行业健康发展。

4.5.3 世界旅游税制中增值税受青睐

税收是一把双刃剑，因此要关注税收对旅游产业的影响。如果征收旅游税会造成旅游行业的公平和效率损失较大，就会削弱旅游行业的竞争力，改变行业之间、旅游区域之间的地位，不能充分发挥旅游业的综合带动效应。增值税体现了税收中性，因此在世界旅游税制中备受青睐。据国际饭店协会调查资料显示，44个国家中有28个国家对饭店征收增值税，而又有14个国家实行优惠税率，还有一些国家实行零税率。降低旅游服务业的增值税税率，这样就可以提高旅游部门就业率和宾馆/餐饮等服务业的竞争力（马衍伟、商庆军，2005）。

4.5.4 生态旅游税收逐渐受到重视

随着旅游业的迅速发展，人们逐渐意识到旅游对环境的破坏。于是各国在发展生态旅游的背景下，以保护环境为由，纷纷探索开征旅游环境税或旅游生态税。依据交通运输工具燃料碳排放量进行征收,因此有的国家又叫作"碳排放税"等。西班牙巴利阿里克自治省对旅游住宿设施征收"巴利阿里克生态税",丹麦1996年旅游接待行业缴纳了1亿丹麦克朗的环境税。突尼斯对所有宾馆征收1%的环境税,收入转入由一个委员会管理的基金,用于环境项目支出。随着未来旅游业的迅速发展,由此产生的环境污染日益严重时,生态旅游税是治理环境污染的有效手段,是实现旅游业健康发展不错的选择。

4.5.5 实行外国旅游者退税和免税制度

世界很多国家对外国游客实行购物退税、免税政策,韩国、日本和我国台湾地区甚至把这一制度创新为离岛免税政策,把政策作用放大,实施效果非常显著。许多国家长期实行的海外旅游者退税制度,在销售对象,销售商品的种类、购买限额及退税程序等方面都有很多宝贵的经验值得借鉴。这对于我国提高旅游购物比例、增加旅游外汇收入以及拓展旅游税基无疑是一个很好的税收政策选择。

另外,根据世界旅游组织建议,让私人部门参与旅游税收体制的制定、实施是很好的经验。而对旅游业征收税费,比例税优先于固定收费和特定税收。对创造就业机会、培训以及促进旅游部门投资等行为应该给予税收激励。如果要从旅游业筹集收入,做宽旅游业税基比提高税率更有效,同时应对国际游客给予优先的税收地位。

5 我国旅游税费制度现状及存在的问题

目前,在我国现行税法中,尚未单独开征旅游税,主要是通过一般税收制度对旅游业进行征税。与旅游业相关的主要税种有:与旅游企业和游客购物联系的增值税和消费税,与游客住宿、餐饮、交通、景区游览、娱乐相联系的营业税,按纳税人实际缴纳的增值税、消费税、营业税"三税"税额的一定比例征收、专门用于城市维护建设的附加税——城市维护建设税,为游客提供商品和劳务企业缴纳的企业所得税,旅游业从业人员、个体工商户应缴纳的个人所得税,与旅游企业相关的房产税、车船税、城镇土地使用税、印花税等,基本包含了我国现行税制中的大部分税种。另外还有从中国境内机场乘机旅行的旅客缴纳的机场建设费和燃油费,对经国际和内地航线出境的游客收取的旅游发展基金等收费制度。在这里主要探讨一些和旅游相关的主要税种、收费制度。

5.1 我国一般旅游税收制度的现状

1. 增值税和消费税

与旅游相关的企业和个人,在中华人民共和国境内发生销售货物或者提供加工、修理修配劳务以及进口货物的应税行为,则需要缴纳增值税。一般纳税人缴纳增值税的基本税率为17%、13%,对小规模纳税人按销售额的3%征收且不得抵扣进项税额。最新规定的起征点为月销售额5000~20000元,按次纳税的,为每次(日)销售额300~500元。根据《交通运输业和部分现代服务业营业税改征增值税试点实施办法》(财税〔2011〕111号)和《财政部、国家税务总局关于在北京等8省市开展交通运输业和部分现代服务业营业税改征增值税试点的通知》(财税〔2012〕71号),旅客的运输业务活动由营业税改征增值税。

消费税是由在中华人民共和国境内生产、委托加工和进口消费税条例规定消费品的单位和个人,以及国务院确定的销售消费税条例规定的消费品的其他单位和个人,为消费税的纳税人。但消费税是价内税,消费税最终转嫁给消费应税商品的消费者。与旅游相关的消费税税目、税率见下表,旅游者在购买以下消费品时,则缴纳了相应的消费税。

表5-1 旅游相关的消费税税目、税率

项目	税率
烟	30%、36%、56%加0.003元/支(生产环节)、36%加0.003元/支(生产环节)、5%(批发环节)
酒	10%、220~250元/吨、20%加0.5元/500克
化妆品	30%
贵重首饰及珠宝玉石	5%、10%
高尔夫球及球具	10%
高档手表	20%

2. 营业税

根据2008年11月5日国务院第34次常务会议修订通过的《中华人民共和国营业税暂行条例》及其《中华人民共和国营业税暂行条例实施细则》等规定,现行营业税的课税对象主要是对规定的应税劳务以及转让无形资产和销售不动产所取得的营业收入全额按比例征税,因此,为游客旅游活动提供交通(非试点地区)、住宿、餐饮、景区游览、娱乐、旅行社服务的诸多旅游相关行业都在营业税缴纳范围之内。旅游企业提供劳务,按照营业额和适用税率计算应纳营业税税额。

我国旅游业分为两类:一类是注册为旅行社的公司;一类是以旅游景点服

务的公司。针对不同类型的公司应采取不同的纳税政策。注册为旅行社的其旅游业务是营业税"服务业—旅游业"税目规定征税范围的业务,即指为旅游者安排包括食宿、旅游交通、提供导游服务等的旅游业务。按照营业税政策,旅行业的营业税计税依据,是以旅行社组织旅游团在中国境内旅游,从而收取的旅游费减去为旅游者代付给其他单位的房费、餐费、交通、门票和其他代付费用的余额为应纳税营业额;旅游企业组织旅游者在中国境内或出境旅游,中途若转为其他旅游单位或个人接团的,则将该接团单位或个人的旅游费从全程旅费中扣减,余额为营业额。

对以旅游景点服务的旅游业,按照"文化体育业"税目的规定,就其因从事旅游景点经营取得的门票收入,征收营业税等地方各税。而对在旅游景点从事特殊经营的单位,要分别根据不同税目、不同税率征收营业税等地方各税,如:在景区、景点经营游艺项目,如蹦极、射击、卡丁车等获取的收入按照"娱乐业"税目征收营业税;在旅游景点经营照相、服装出租、潜水等取得的收入按"服务业"税目征收营业税;在旅游景点从事索道、游船和电瓶车等经营取得的收入按"服务业"税目"旅游业"子目征收营业税。对从事旅游景点经营的单位和个人返还给旅行社或导游的佣金、回扣,不得从计税营业额中扣除。纪念馆、博物馆、文化馆、美术馆、展览馆、书(画)院、图书馆、文物保护单位举办文化活动所售第一道门票收入,宗教场所举办文化、宗教活动的门票收入免征营业税。[①]

表5-2 旅游业相关的营业税税目、税率

行业	税率
交通运输	3%
文化体育	3%
娱乐业	5%~20%(具体由省、自治区、直辖市人民政府决定)
服务业(旅店、饮食、旅行社)	5%

---

① 石英.我国旅游业税源管理存在的问题及对策研究[J].会计之友,2012(9):67-69.

3. 个人所得税和企业所得税

对于旅游业的从业人员、个体工商户按照我国现行个人所得税法律法规有关规定,对其取得的所得,采用超额累进税率(3%~45%)和比例税率(20%)两种方法计算缴纳个人所得税。个人所得包括:工资、薪金所得;个体工商户的生产、经营所得;对企事业单位的承包经营、承租经营所得;劳务报酬所得;稿酬所得;特许权使用费所得;利息、股息、红利所得;财产租赁所得;财产转让所得;偶然所得和其他所得。

以其旅游资源和服务设施为条件,为旅游者在旅行游览中提供商品和服务而取得的有偿服务收入所得和其他所得,按照企业所得税法,缴纳企业所得税。所得税的税率按照不同情况分为25%、20%。同时,自2012年1月1日至2015年12月31日,对年应纳税所得额低于6万元(含6万元)的小型微利企业,其所得减按50%计入应纳税所得额,按20%的税率缴纳企业所得税。

4. 城建税和教育费附加、房产税和城镇土地使用税

(1) 城建税和教育费附加

凡缴纳增值税、消费税、营业税的单位和个人,都是城市维护建设税的纳税义务人,都应当依照条例的规定缴纳城市维护建设税。城市维护建设税以实际缴纳的增值税、消费税、营业税税额为计税依据,分别与产品税、增值税、营业税同时缴纳,其税率如下:纳税人所在地在市区的,税率为7%;纳税人所在地在县城、镇的,税率为5%;纳税人所在地不在市区、县城或镇的,税率为1%。教育费附加,以纳税人实际缴纳的增值税、消费税、营业税的税额为计费依据,征收率为3%。纳费人申报缴纳增值税、消费税、营业税的同时,申报、缴纳教育费附加。

(2) 房产税

在城市、县城、建制镇和工矿区征收房产税。产权属于全民所有的,由经营管理单位缴纳。产权出典的,由承典人缴纳。产权所有人、承典人不在房产所在地的,或者产权未确定及租典纠纷未解决的,由房产代管人或者使用人缴纳。房产税依照房产原值一次减除10%至30%后的余值计算缴纳。具体减除幅

度,由省、自治区、直辖市人民政府规定。没有房产原值作为依据的,由房产所在地税务机关参考同类房产核定。房产出租的,以房产租金收入为房产税的计税依据。依照房产余值计算缴纳的,税率为1.2%;依照房产租金收入计算缴纳的,税率为12%。宗教寺庙、公园、名胜古迹自用房产免纳房产税。

(3) 城镇土地使用税

在城市、县城、建制镇、工矿区范围内使用土地的单位和个人,为城镇土地使用税的纳税人。土地使用税以纳税人实际占用的土地面积为计税依据,依照规定税额计算征收。土地使用税每平方米年税额如下:大城市1.5元至30元;中等城市1.2元至24元;小城市0.9元至18元;县城、建制镇、工矿区0.6元至12元。宗教寺庙、公园、名胜古迹自用的土地免缴土地使用税;但公园、名胜古迹内的索道公司经营用地,应按规定缴纳城镇土地使用税。

在城镇土地使用税征收范围内,利用林场土地兴建度假村等休闲娱乐场所的,其经营、办公和生活用地,应按规定征收城镇土地使用税。在城镇土地使用税征收范围内经营采摘、观光农业的单位和个人,其直接用于采摘、观光的种植、养殖、饲养的土地,根据《中华人民共和国城镇土地使用税暂行条例》第六条中"直接用于农、林、牧、渔业的生产用地"的规定,免征城镇土地使用税。

5.2 我国旅游收费制度和税收优惠政策状况

5.2.1 机场建设费、旅游发展基金和燃油附加费

1. 机场建设费和旅游发展基金

根据财政部及中国民用航空总局《关于改革民航机场管理建设费征收管理方式等有关问题的通知》(财综〔2004〕51号),从2004年8月1日起,各航空运输企业和机票销售代理机构销售旅行日期在2004年9月1日(含)以后的机票时,按规定随机票一并加收机场建设费。

机场建设费的征收范围:凡是从中国境内机场乘机旅行的旅客,均需缴纳机场建设费包括持免票、折扣票(如ID、AD票)和乘坐商业包机的旅客。但乘

坐国际及香港、澳门地区航班出境的持外交护照的旅客和年龄在12周岁（不含）以下的儿童除外。

机场建设费的征收标准：乘坐国内航班的旅客每人50元人民币；乘坐国际和香港、澳门地区航班的旅客每人90元人民币（含旅游发展基金）；旅游发展基金从乘坐国际和地区航班出境的中外旅客缴纳的机场管理建设费中提取，提取数额为每次每位旅客20元。旅游发展基金主要用于旅游对外宣传、人员培训等事业性支出及旅游资源开发、保护和支持旅游企业发展。2011年1月1日至2015年12月31日，继续征收机场管理建设费和旅游发展基金。为支持支线航空发展，旅客于2011年1月1日及以后购买支线飞机执飞的支线航班机票，免缴机场管理建设费，其他机场管理建设费征收标准保持不变。①

2. 燃油附加费

燃油附加费在旅客购票时与票价一并收取，项目代号"YQ"及标注在客票上单独标示。但不含内地与香港、澳门航线的国内航线，以航段为单位定额计收。(1)按成人普通票价10%计价的婴儿免收燃油附加费；(2)按成人普通票价50%计价的儿童（含无成人陪伴儿童）、革命伤残军人和因公致残的人民警察，800公里以下航段每位旅客收取20元燃油附加费，800公里（含）以上航段每位旅客收取40元燃油附加费；购买4.5折（含）以下客票的儿童、军/警残，按(3)其他旅客的标准征收燃油附加费。(3)其他旅客，自2013年4月5日起（以出票日期为准）下调国内航线燃油附加费，800公里（含）以下航线燃油附加费每航段由人民币80元下调为人民币70元；800公里以上航线燃油附加费每航段由人民币140元下调为人民币130元。

5.2.2 试办国家旅游度假区的税收优惠

根据《国务院关于试办国家旅游度假区有关问题的通知》（国发〔1992〕46号）对国家旅游度假区实行税收优惠政策：

（一）在区内兴办的外商投资企业，其所得税按25%的税率征收；其中生产

---

① 《关于机场管理建设费和旅游发展基金政策等有关问题通知》（财综〔2010〕123号）.

性外商投资企业,经营期在十年以上的,从企业获利年度起,第一年和第二年免征企业所得税,第三年至第五年减半征收企业所得税。

(二)区内的外商投资企业在投资总额内进口自用的建筑材料、生产经营设备、交通工具和办公用品;常驻的境外客商和技职人员进口的安家物品和自用交通工具,在合理数量范围内,免征关税和进口工商统一税。为生产出口旅游商品而进口的原材料、零部件、元器件、配套件、辅料、包装物料,海关按保税货物的有关规定办理。

(三)建设度假区基础设施所需进口的机器、设备和其他基建物资,免征进口关税和产品税(增值税)。

(四)区内可开办使用国产车的中外合资经营的旅游汽车公司。对其购置的国产车,在核定的数量内,国家免征横向配套费、车辆购置附加费和特别消费税。对国内企业在区内开办的旅游汽车公司,可比照上述政策执行。这些车辆限于区内旅游汽车公司自用,不得转售。

5.2.3 西部大开发中旅游景点和景区经营税收优惠

《财政部、国家税务总局关于将西部地区旅游景点和景区经营纳入西部大开发税收优惠政策范围的通知》财税〔2007〕65号指出,在西部地区的企业在西部大开发地区的旅游景点和景区从事以下经营活动取得的收入达到全部经营收入70%以上的,按照《财政部、国家税务总局、海关总署关于西部大开发税收优惠政策问题的通知》(财税〔2001〕202号)第二条第1款的规定享受税收优惠政策:对设在西部地区国家鼓励类产业的内资企业和外商投资企业,减按15%的税率征收企业所得税。

1. 销售门票(包括景点和景区的大小门票、通票、月票、年票和门禁以内文艺、体育及其他综合艺术表演活动场所的门票)的经营活动;

2. 在景点和景区门禁以内区域提供导游服务的经营活动;

3. 在景点和景区门禁以内区域提供游客运输服务(包括利用各种车辆、游船、索道、滑道及其他交通工具向游客提供的服务)的经营活动。

5.3 我国旅游购物免税店体系状况

免税店是指经海关总署批准,由经营单位在中华人民共和国国务院或其授权部门批准的地点设立符合海关监管要求的销售场所和存放免税品的监管仓库,向规定的对象销售、供应免税品的企业。

为了增加境外游客的税收激励,中国采取了旅游购物的免税店政策。中国的第一批免税店于1980年相继出现在北京、广州、上海机场隔离区。之后,相继设立的各类免税店(场)有:由中国免税品公司等单位经营管理的供应离境旅客和外国驻华机构常驻人员、外商投资企业外方人员的免税店;由中国出国人员服务公司等单位经营的供应我国因公出国人员、劳务人员、进出境运输工具服务人员的外币免税商店;由中国华侨旅游侨汇服务总公司经营的供应来华探亲的台湾同胞、华侨、外籍华人和因私出国人员的免税商店;由各经济特区试办的供应港澳台胞、华侨、外国人和境外员工的国营外币免税商场等。

经过30多年的发展,在全国29个省、市、自治区(包括香港、澳门和台湾地区),设立了涵盖机场、机上、边境、外轮供应、客运站、火车站、外交人员和市内八大类型200多家免税店,已发展成为世界上免税店类型最全、单一国家零售网点最多的免税运营商。只有宁夏、甘肃和青海等地还没有。但与欧美免税业发达的国家相比,差距很大。因此,旅游购物还有很大发展空间。

其中市内免税店发展较早,1988年11月国务院批准在北京试点开办市内免税店,在取得成功经验后,1999年9月国务院同意在上海、大连、青岛和厦门四城市开办市内免税店,由中国国旅集团有限公司所属的中国免税品(集团)有限责任公司统一经营管理上述五城市市内免税业务。通过近20多年的努力,市内免税店在完善城市服务功能、提升城市形象、扩大旅游消费以及促进当地旅游业发展方面起到了积极作用,受到了各国旅客的广泛欢迎,取得了良好的社会效益。

《关于开展海南岛离岛旅客免税购物政策试点的公告》(以下简称《离岛免税政策》),它的内容包括4个标题的条款和1个附件《离岛旅客每人每次购买免税商品数量范围》。该政策对乘飞机离岛旅客免税购物限次、限值、限量和限品种,是在指定的离岛免税店内付款,在机场隔离区提货离岛的税收优惠政策。确定的免税进口商品共18种,免税购买件数一般为2件,少数4~5件。免税税种为关税、进口环节增值税和消费税。岛内居民旅客每人每年最多可以享受1次离岛免税购物政策,而非岛内居民旅客每人每年最多可享受2次。离岛旅客每人每次免税购物金额暂定为人民币5000元以内(2012年10月24日上调至8000元)。此外,在按完税价格全额缴纳进境物品进口税的条件下,旅客还可每人每次购买1件单价5000元以上的商品。如表5-3所示。这一制度是对旅游购物退税制度的重大突破。

表5-3 离岛免税政策内容

适用对象及条件	政策适用对象	年满18周岁、乘飞机离开海南本岛但不离境的国内外旅客,包括海南省居民
	政策适用条件(需同时符合)	国内旅客持居民身份证(港澳台旅客持有效旅行证件),国外旅客持护照
		免税购物次数、金额、数量在国家规定的范围内,并按规定取得购物凭证
		由旅客本人乘机随身携运离岛
离岛免税店、免税商品品种、免税税种	离岛免税店	离岛免税店是具有实施离岛免税政策资格并实行特许经营的免税商店
	免税商品品种	首饰、工艺品、手表、香水等18种商品
	免税税种	离岛免税政策免税税种为关税、进口环节增值税和消费税
免税购物离岛次数、金额、数量	离岛次数	非岛内居民旅客每人每年最多可以享受2次离岛免税购物政策,岛内居民旅客每人每年最多可以享受1次
	离岛金额、数量	离岛旅客(包括岛内居民旅客)每人每次免税购物金额暂定为人民币8000元以内(含8000元),即单价8000元以内(含8000元)的免税商品,每人每次累计购买金额不得超过8000元

续表

离岛免税政策实施流程	流程	包括离岛免税店进口免税商品,离岛旅客在店内选购付款,免税店根据旅客离岛时间运送货物,旅客在机场隔离区提货并乘机携运离岛等环节

5.4 境外旅客购物退税政策

为建设海南国际旅游岛,将海南打造成为有国际竞争力的旅游胜地,国务院决定在海南省开展境外旅客购物离境退税政策试点工作。2010年12月21日,国家财政部发布《关于在海南开展境外旅客购物离境退税政策试点的公告》(财政部公告2010年第88号)自2011年1月1日起在海南省开展境外旅客购物离境退税政策试点。具体内容是:该项政策的适用对象是在我国境内连续居住不超过183天的外国人和港澳台同胞;退税物品涉及21个大类324种,范围包括服装、鞋帽、化妆品、钟表、首饰、电器、文具、体育用品等;退税税种为增值税,退税率为11%;规定了起退点,对境外旅客购物离境退税的起退点暂定为800元人民币,退税条件为购物金额达到起退点,离境日距退税物品购买日不超过90天,所购退税物品由境外旅客本人随身携带或托运出境。离境退税政策的基本流程包括:购物申请退税、海关验核确认、代理机构退税和集中退税结算等四个环节。如下表所示:

表5-4 海南境外旅客购物离境退税政策内容

关键词	政策内容
退税商店	海口有生生百货、民生百货两家,三亚夏日百货一家
退税对象	境外旅客
适用条件	购物金额达到起退点
	离境日距退税物品购买日不超过90天
	所购退税物品由境外旅客本人随身携带或托运出境

续表

关键词	政策内容
退税货物	国家允许携带出境并享受退税政策的个人物品,但食品、饮料、水果、烟、酒、汽车、摩托车等不包括在内
退税税种	增值税,退税率统一为11%
退税起点	起退点暂定为800元人民币
退税流程	购物申请退税、海关验核确认、代理机构退税和集中退税结算

国家税务总局于2010年12月24日发布公告《境外旅客购物离境退税海南试点管理办法》(国家税务总局公告2010年第28号),明确规定具体流程和操作细则。同日,海关总署发布公告《关于对海南国际旅游岛境外旅客购物离境退税监管事宜》(海关总署公告2010年第82号),明确了海关监管退税商品的验核手续。

财政部于2011年2月17日发布《关于在海南开展境外旅客购物离境退税政策试点有关问题的通知》(财税〔2011〕10号),明确境外旅客购物离境所退税款按照现行增值税出口退税超基数部分负担机制,由中央财政和海南财政共同负担,退税代理机构的手续费由海南财政负担。

在海南试点的境外旅客离境退税政策与出口退税制度,尤其是增值税先征后退模式的一致,体现了商品退税制度和货物退税制度的协调。从而,购物退税政策设计不但实现了与已有税制的总体配合,同时也有力地实现了对于旅游购物领域的点调控。

在退税程序上,我国选择政府主导的指定退税代理机构这种综合模式,加之现金和转账两种退税方式以及本外币多币种的可选项设计,既保证了退税的法律刚性,又保证了退税政策的执行效率和程序简约。同时,也极大地促进了税法秩序与外汇管理秩序的相互协调。[①]

---

① 张蕊,曾令辉.境外旅客离境购物退税政策思考[J].中国财政,2011(10).

5.5 我国旅游税费制度存在的主要问题

旅游业是资源消耗低、带动系数大、就业机会多、综合效益好的综合型服务业,《国务院关于加快发展旅游业的意见》中提出:要"把旅游业培育成国民经济的战略性支柱产业和人民群众更加满意的现代服务业"。但目前我国现行的税收制度并未体现对旅游业的政策意图,还存在着很多问题,主要表现在以下方面。

5.5.1 重复征税严重和直接针对旅游的税收优惠少

我国的旅游税收包括营业税、增值税、消费税、房产税、城镇土地使用税、城市维护建设税、个人所得税、企业所得税等,基本囊括了我国现行税制中的大多数税种。由于我国税制复杂,旅游税收税种多,在旅游税收的缴纳和征收过程中,造成一定程度的重复征税。

旅游活动包含了"吃、住、行、游、购、娱"等多个环节,不同环节的税种不同,相互交叉,错综复杂,按照税法的要求,对于不同涉税行为进行单独税务核算,这样就增加了旅游企业的困难,会由此出现从高纳税、重复征税的问题。同时也给税收征管带来了困难。

如就以承担游客交通运输业务的旅游车行业来说,按照我国的税收法律,组团旅行社和作为旅游辅助企业的旅游汽车公司都根据各自财务年度的盈利情况分别缴纳企业所得税,看似不存在重复征税。但通常旅行车公司大都不真正对其旗下的所有旅行车享有完全的所有权——通常的情况是,一个旅游汽车公司只拥有少部分属于公司财产的车辆,大部分车辆则都属于各个旅行车司机所有。这样,旅行车司机对于自己投资的汽车所获得的收益,不但要承担分摊下来的企业所得税负担,而且要缴纳个人所得税,实际上形成了双重征税的问题。

此外,在各个税种中,针对旅游行为的税收优惠较少。上文梳理了各个税种中关于旅游税收的优惠政策,如:宗教寺庙、公园、名胜古迹自用的土地免缴土地使用税;经营采摘、观光农业的单位和个人,其直接用于采摘、观光的种植、养殖、饲养的土地,免征城镇土地使用税;纪念馆、博物馆、文化馆、美术馆、展览馆、书(画)院、图书馆、文物保护单位举办文化活动所售第一道门票收入,宗教场所举办文化、宗教活动的门票收入免征营业税。直接针对旅游的税收优惠政策文件包括《试办国家旅游度假区的税收优惠》和《西部大开发中旅游景点和景区经营税收优惠》,总体来看,旅游税收优惠少。国家旅游度假区内的企业仍然享有较多的税收优惠,而区外企业则难以享受到相关优惠。

5.5.2 旅游业中费挤税问题严重

目前,我国旅游业中存在各种名目繁多的收费,这些收费不但加重了旅游者和旅游企业的负担,还挤占了税源,造成严重的负面影响。这些收费内容主要包括两方面:一是旅游部门收取的各种费用和基金,具体包括:①旅游发展基金。②手续费。指国家和省级旅游局依据国家物价局核定标准收取的入境签证手续费和代办签证手续费。二是其他部门向旅游企业摊派的各项收费。

5.5.3 旅游业税收征管难度大

由于旅游业自身的性质、特点,使得旅游业税收的征收和管理难度较大:旅游经济税源的分散性、流动性和隐蔽性,导致税收征管难度大;旅游行业内部财务制度不健全、不规范,费用支出随意且不易核实,虚假成分多;所得税申报不及时且虚假纳税申报时有发生;现金收支频繁,坐收坐支现金严重;此外,旅行社间互开发票以冲减营业税额的现象普遍,发票管理难度大;旅游行业定价弹性空间大,为成本费用的不实核算提供了便利。

5.5.4 旅游购物免税店体系不健全

虽然在全国 29 个省、市、自治区,设立了涵盖机场、机上、边境、外轮供应、客运站、火车站等的免税店体系,但是市内免税店建设在近年的发展过程中,遇到了一些突出问题:

一是缺少机场口岸提货点,使市内免税店无法正常经营。市内免税店设立之初实施的是"店内买单,店内提货"的提货监管模式。2006 年 1 月,海关总署将监管模式改变为"店内买单,口岸提货"。为此,市内免税店的经营者虽然与各方反复协商,以实现在机场口岸提货,但终因提货点无法落实,不得已暂止北京和上海市内免税店的运营。

二是缺少配套政策支持,市内免税店发展后劲不足。现阶段,我国仍沿用1988年的市内免税店政策,在供应对象和商品经营范围上存在很大局限性,使我国市内免税店的国际竞争力不强。

这些问题的存在,严重阻碍了我国市内免税业务的开展,使国务院关于市内免税店的批示无法落到实处。1988年开设市内免税业务,主要是顺应外国旅客在我国主要旅游城市的购物消费需要,借鉴了国际上通行的免税业务做法,但在监管和政策体制上与国际惯例存在一定差距。

从市内免税店设立至今已有20多年,为促进经济发展,我国提出了坚持扩大国内需求特别是消费需求的战略方针,在全球性金融危机背景下,国家还提出通过扩大旅游消费需求促进内需。而我国市内免税店政策一直未变,影响了市内免税店的正常发展。从国际上看,由于监管方式合理,供应对象和商品经营范围不断扩大,市内免税业务发展非常迅速。这正是我国市内免税业务需要加以完善的方面。

另外,面向我国出国人员的中国出国人员服务总公司免税店,随着改革开放的深入、市场经济的发展、国内商品市场的日益繁荣、国外购物的日趋便利,免税品业务一路下滑,失去了计划经济时代的繁荣景象。虽然目前已经转型,但面对的客户单一,只是作为出国人员境外购物的补充,因此其发展还存在着问题。

5.5.5 入境游客购物退税制度不完善

据海口海关数据显示,2011年1~12月,共办理购物退税613票,退税物品价值近150万元人民币,退税额约16万元人民币。也就是说,全年平均每月办理51票,海南省两大机场——海口美兰国际机场、三亚凤凰国际机场平均每天仅办理1至2票申请退税业务。

2012年1月至2013年2月,海南全省退税定点商店累计开具境外旅客购物离境退税申请单692份;办理退税14.19万元。退税物品销售额排名前三位的分别为纺织原材料及其制成品、皮革皮毛及其制成品和鞋靴；申请开具购物退税申请单的旅客涉及俄罗斯、哈萨克斯坦、蒙古等32个国家和地区，其中自俄罗斯、哈萨克斯坦和蒙古，所占比重分别为66.80%、8.63%和3.41%。从统计数据来看，2012年与2011年相比增长幅度不大。从商品类型看，也是比较单一，主要客源国是俄罗斯、哈萨克斯坦及蒙古等周边国家，覆盖面并不普遍，政策实施效果并不理想。

目前，海南旅客购物退税政策还存在以下几方面的问题：[①]

第一，退税商店数量偏少，许多特色专卖店未列入退税商店范围。近几年，海南的外籍游客数量不断增多，但现阶段海南只有三家试点退税商场，数量上远远达不到需求。而且，从目前海南各地市旅游情况看，三亚的市场份额最大，购物消费量比例最大，但三亚只有一家退税商店，导致退税困难，退税量偏少。

第二，购物退税商品不丰富，旅客的需求差异较大。按照国家规定，退税物品共21大类324种，但很多外国游客感兴趣的产品如海南的特色产品都不能享受退税，因此，对外籍游客吸引力不大。

第三，退税政策保守，退税条件相对苛刻。目前服务于境外旅客离境购物的政策是必须在海口、三亚机场出关方可办理退税，由于海南岛出境的航班很少，许多境外游客选择通过广州、上海、深圳等地出境，因此，极大地限制了可办理范围，造成退税的困难。

第四，除了上述问题之外，与其他国家比较，在退税税种和税率、最低退税金额和退税政策配套制度，如退税商店的认定及退税流程等方面还存在很大的差距，这些问题是未来改革完善的主要方面。

5.5.6 我国生态旅游税收政策缺失

近几年，生态旅游业发展迅速，但其作为一种经济活动，具有明显的负外部性效果。如果不加以制止，生态环境的破坏将不断加剧。我国在资源、环境保护方面采取的措施不少，但税收形式的环保措施基本没有，一直以来主要是通

---

① "离境退税"四大问题尚需完善 政策效应将逐步显现，http://www.china.com.

过各种收费,配合少量的税收措施,如资源税、消费税、耕地占用税、车船使用税等零散地存在于有关规定中,并没有真正意义上的生态旅游税收。

1. 旅游资源保护方面的税收政策

我国现行税收体系中关于景区资源保护尚未形成完整的生态税费体系。1984 年开征的资源税及 1988 年开征的城镇土地使用税其初衷都是调节级差收入,而未将景区资源保护考虑在内。

2. 旅游环境保护方面的税收政策

我国目前尚没有以环境保护为宗旨的税种,只是在企业所得税、消费税、增值税等部分税种中制定了一些优惠政策,鼓励环保性条款,对资源的综合利用给予减免税的待遇。对利用"三废"及景区周围的企业利用自身拥有资源开展种植业、旅游业、养殖业,外国企业防治环境污染和提供节约能源等方面所取得的收入有减免税优惠;对烟、酒、焰火、鞭炮、汽油等对环境带来污染和破坏的产品征收消费税。

从以上政策中不难看出,我国现行税制结构对环境保护调节的力度和范围是远远不够的,严重滞后于生态环境和景区资源保护对税收提出的要求,更加不能适应生态旅游业大发展的新形势,其弊端主要表现在以下几个方面:

第一,资源税立法不明确,没有明确体现环保精神。虽然涉及环保内容,但由于没有明确的限制惩戒条款,调节起来力不从心,起不到保护资源的作用。

第二,资源税征收范围小。资源税仅对应税矿产品和盐类资源征税,税率形式不当,税率高低、级差不合理,收入规模小,税负偏轻,客观上鼓励了对资源的滥采滥用,导致对景区资源保护作用发挥不明显,调控力度减弱。

第三,资源税计税依据不合理,税收优惠受益面窄,手段单一,政策扶持力度小,对景区资源的综合利用和景区环境保护产业的发展没有起到现实意义。

第四,税收优惠政策的着眼点选择不当。税收优惠扶持政策应向在景区周围对景区资源进行综合利用、防治污染、开展环保产业的企业倾斜,而在这个环节,现行的有些税收优惠政策却本末倒置了。①

---

① 刘伟,陈沛华. 构建中国生态税收体系[N]. 江苏经济报,2011-01-11.

总之,我国现行的旅游税收制度存在着一些问题,和旅游产业的发展不相适应。一般税收制度方面主要表现在重复征税、税收优惠单一,费挤税现象严重及征管不完善,不能实现对旅游产业发展的调控和支持。没有开征相应的旅游税种,一些旅游负外部性没有能够更好地解决。旅游消费不足,没有出台旅游购物退税等相应的政策措施,在免税店体系建设上,市内免税店尚未建立起来。此外,我国旅游税制还缺少一些特定旅游税种,如出入境税、离境税、机票税、旅游税,等等。这些税种的缺失导致了我国旅游税收入不足、旅游拥挤效应严重等问题。我国旅游税制还存在公平效应不足的问题(沈腊梅,2007)。

6 我国旅游税收改革的政策建议

随着我国旅游业不断发展、壮大,新一轮税制改革日益深入,在借鉴旅游税收改革国际经验等因素的基础上,综合考虑我国旅游税制改革不仅有其必要性,而且还应该重视改革方向的选择。当前,我国应保持在一般旅游税制基本框架不变的基础上,对旅游税收进行系统、全面地梳理,分门别类,增减结合,进行调整,完善旅游税收制度。

我国的旅游业税收改革,主要是对一般旅游税收制度的改革,尤其是要对重点、大型旅游项目,对交通、环境保护、创新、人才培养、产品和技术创新、营销推广、旅游消费、入境旅游等旅游业发展瓶颈领域实施税收优惠政策,并扩大旅游业部分领域的税收优惠政策的享受面和程度。同时,可以考虑开征公民出境特别税、房间税等某些符合国情的专门税收。另外,要加强旅游业税收的征收管理。

6.1 在新一轮税制改革中完善一般旅游税制

抓住新一轮税制改革机遇,系统全面地对一般旅游税制进行改革,如:在营业税改征增值税的改革中,改变旅游税收状况,加大对旅游业的税收优惠,减轻旅游业税收负担;在消费税改革中增加对旅游业的调节以及通过环境税和所得税的改革,完善旅游税收制度。

6.1.1 "营改增"中,进一步完善旅游税收

2011年,经国务院批准,财政部、国家税务总局联合下发营业税改征增值税

试点方案。从2012年1月1日起,在上海对交通运输业和部分现代服务业开展营业税改征增值税试点。自2012年8月1日起至年底前,交通运输业和部分现代服务业营业税改征增值税试点由上海市分批扩大至北京、天津、江苏、浙江、安徽、福建、湖北、广东8个省、直辖市和宁波、厦门、深圳3个计划单列市。2013年8月1日,"营改增"范围已推广到全国试行。国务院总理李克强12月4日主持召开国务院常务会议,决定从2014年1月1日起,将铁路运输和邮政服务业纳入营业税改征增值税试点,至此交通运输业已全部纳入"营改增"范围。

目前与旅游相关的有交通运输和会议展览服务,分别适用增值税率11%和6%,而交通运输和会议展览服务目前适用的营业税率分别为3%和5%。交通运输业的增值税一般纳税人按照相关规定可以采用7%的扣除率抵扣进项税额,这样,交通运输业的实际税负似乎上升了。此外,试点纳税人中的一般纳税人提供的交通运输服务(包括公交客运、轮客渡、出租车、轨道交通),可以选择按照简易计算方法计算缴纳增值税。

旅游业主体部分(旅店、餐饮业店、旅行社)尚未纳入增值税范围中。在新一轮的税制改革中,可借鉴国际上旅游增值税的成功经验,将旅游业尽快纳入增值税的征收范围,根据目前旅游产业特点和发展状况,实施有针对性的税收政策。目前旅游业主体营业税税率为5%,转征增值税时,税率可以维持在5%或者适当降低,这样就可以减轻旅游业的税收负担。同时,可以适当降低对一般纳税人和小规模纳税人的资格认定标准。对简易征收的旅游应税服务,降低征收率。

另外,对兼营不同应税服务且未分别核算的,可以采用平均适用税率,而不是从高适用税率。这样可以鼓励旅行社与饭店、餐厅、商场等相关行业进行整合,实现联手经营,形成旅游吃、住、行、购物一条龙服务,逐步发展和壮大我国的旅游产业。①

---

① 徐生朋.促进我国旅游业发展的税收政策取向[J].合作经济与科技,2007(17):77-78.

6.1.2 完善旅游企业和从业人员所得税制度

目前,国家旅游度假区内的企业享有较多的税收优惠,而区外企业则难以享受到相关优惠。因此可以取消对国家旅游度假区的限制,使政策优惠面更广,以消除政策性、垄断性带来的不公平竞争。并结合区域开发和扶贫,增加对乡村旅游、红色旅游的税收优惠程度。

由于旅游基础设施建设如旅游道路和景区交通设施投入较大,外溢性较强,并且建成后维护和经营压力较大,因此,可以适当提高旅游基础设施的基本折旧率和大修率。同时参照国家对旅游度假区的税收优惠政策,实行"经营期在十年以上的,从企业获利年度起,第一年和第二年免征企业所得税,第三年至第五年减半征收企业所得税"的优惠政策。另外可以加大对旅游企业的各项扣除标准,如对旅游营销费用、旅游新产品开发及职工的工资支出可以据实在企业缴纳所得税前扣除。

对旅游企业实行宽松的税收政策的同时,要加强对旅游企业和从业人员的税收征管。目前旅游企业财务核算不健全,发票使用不规范,收入和成本很难监管,税收流失严重。导游工资较低,主要靠组织团队购物、娱乐等消费活动,赚取回扣。在消费者不索要正式票据的情况下,税务机关不能准确掌握消费场所的收入和导游回扣的情况,导致了消费场所的税收流失及导游个人所得税的流失。可在充分调研的基础上,通过测算旅游行业利润率和平均税收负担率及导游、司机等人员收入状况和个人所得税平均税收负担率,对账面长期亏损、达不到平均利润的旅游企业和导游、司机等人员实行核定征收。

6.1.3 尽快开征环境税,建立生态旅游税收制度

针对目前生态环境不断恶化,现有的资源税、消费税、耕地占用税、车船使用税、增值税和企业所得税等与环境相关税种和排污费收费不能有效地实现生态环境保护的状况,应尽早研究以环境保护为目的,针对污染和生态破坏等行为征收范围相对较广的环境税。它可以直接针对各种不利于生态环境的行为,如不同污染物的排放等,通过设计相应的税目来征收。(高萍、计金标、张磊,

2010)在此基础上,建立完善的生态旅游税收政策体系,规范旅游活动的外部性效应。

在旅游资源规划开发、建设和旅游项目运行的过程中,会对生态环境造成破坏和产生大量的污染,如开山筑路对山体的破坏、修建机场会对周围环境造成影响等,通过有效的税收政策,约束企业行为,把这些负面影响降到最低,对破坏环境的开发建设行为征收环境税,对污染大气、水资源等环境方面的生活行为课以环境税,以此来引导新开发旅游资源在规划建设时,本着建设和谐生态社会的理念,保护生态环境,减少对环境整体改造的硬开发,多做适应环境发展特点的软开发。

餐饮和住宿是旅游消费中占用能源和水资源最多的两大环节。有数据显示,酒店收入的13%用于能源消费,而其中的51%又被空调系统耗费,如果采用智能的中央空调设施,将会直接降低60%到80%的能源消耗。因此,可以通过免征消费税、环境税或较低的优惠税率,鼓励餐饮住宿企业在空调、供热系统、建筑材料、照明、水利设施等方面使用新技术,提高节能减排水平。

车船、飞机数量的增加和使用的频繁,导致废气、废油不断增多,环境污染严重,可利用税收政策对车辆的购置使用进行有效调节,控制车船数量的增加。同时,通过对电动汽车、混合动力汽车免征车购税、减征消费税等税收措施,鼓励旅游活动中使用环保汽车,提倡在景区内交通使用电瓶车、自行车、步行等,减少索道交通。[①]

6.2 开征旅游税,完善旅游税制

在清理对旅游行业的乱收费基础上,对旅游行业进行费改税。逐渐用税收代替地方政府对旅游业具有税收性质的收费,并针对旅游中一些外部性、环境污染、具有公共产品特征的部分开征旅游税种,进一步完善旅游税制,实现减轻旅游行业的税收负担。

---

① 张玲.促进我国旅游产业发展的财税政策研究[D].河北大学硕士论文,2011:5.

现行税制体系大都对旅游供给征税,对旅游需求征税较少,不能实现对旅游消费进行有效地调节。开征旅游税种是完善旅游税制体系的必然趋势,也是按国际通行做法,拉近现行税制与国际惯例间存在的差距,合理行使课税主权,维护国家税收利益。

6.2.1 开征旅游税的影响

开征旅游税,会增加旅游者的负担,但对旅游需求是否有抑制作用主要取决于旅游需求的价格弹性,而旅游需求弹性部分地取决于目的地的差异程度。差异程度越大,无弹性需求的程度就越大,政府的课税范围也就越大,反之,越小。而目的地差异化主要是由旅游景点的类型及质量、出售或提供国(或地区)的旅游产品及服务的类型及质量、地理位置和距离等方面决定的。如,金字塔、泰姬陵、大峡谷以及长城等是非常缺乏弹性的旅游景点。而毛里求斯、加勒比海沿岸国家的"阳光享受型"目的地往往具有弹性较大这样的特征。

另外,旅游税收具有税负可输出性优势,即主要税负部分是由外来游客承担的,而不是当地居民或企业承担的。Fujii 等人(1985),在部分均衡的框架下考察了旅游税收的归宿与夏威夷(Hawaii)的宾馆房间税的可输出性问题,也证明了这一点。

旅游业属于劳动密集型的行业,行业内部组成以小企业为主,对差异化不强的旅游产品消费具有较强的价格敏感性,而且旅游行业具有十分脆弱的特殊性。因此,政府的税收政策能够对旅游业产生较大的影响,这就要求政府要在充分调研的基础上,制定旅游税收政策,或者开征旅游税种,最终达到既能满足政府财政需要,又能解决旅游外部性问题。

6.2.2 旅游税基本要素的界定

旅游税的设计,必须遵循公平与效率原则,符合旅游经济发展的规律性,能够对旅游业的发展充分发挥调控作用。因此,作为一项新的税种,需要确定构成旅游税的各项基本要素——纳税人、征税范围、征税对象、税率、税目、征管办法及税款的管理和使用等。

1. 纳税人、征税范围

参照国际通行做法,旅游税纳税人的定义,初步定为国内、国际旅游者。旅游者定义为:在久居地之外的地区参观游览;在旅游地逗留期限不超过一年;有来源于非旅游区收入的花费。只要同时满足以上三个标准,不管其动机是出于疗养、消遣、娱乐、探亲,还是公务、商业、政治目的,都应认定为旅游税的纳税人。而旅游税的征税范围可以界定为:旅游者在旅游目的地进行的一系列旅游消费活动,具体包括住宿、餐饮、交通、游览、娱乐、购物等行为。

2. 征税对象和计税依据的确定

旅游税的征税对象是指旅游税课税的客体或标的物。旅游是一种合成产品,由不同部分组成,每一部分都可以按照不同的税率征税。它有多种选择。可以把纳税人从事旅游活动的不同环节作为旅游税课税对象,其计税依据,可以是纳税人的人次,就是每位旅游者交纳固定税额。也可以把纳税人的消费活动作为课税对象,其计税依据如每间/天,或者是旅游消费的金额,按照消费金额的比率征税。

3. 税目、税率选择

旅游税的税目可以明确为旅游住宿、餐饮、交通、游览、娱乐、购物六个大税目,根据具体活动的内容或档次,可将各个税目细分为不同子税目。在确定税率时,要综合考虑旅游者的负担能力、国内外游客差异、旅游景区差别、政府政策导向等,可以采用比例税率和定额税率两种形式相结合的分档税率,特别要注意零税率的使用,从而使旅游税促进旅游业的发展,同时对旅游业起到调控作用。

4. 征收管理方法

由于旅游活动具有不定性和频繁性的特性,为了简化纳税手续,保证税款的足额及时缴纳,可以考虑由旅游服务企业及其他企事业单位和个人代收代缴,然后再与税务机关定期结算税款的办法。

5. 税款管理、使用

旅游税款实行专款专用,对国际来华旅游者和国内出境游客征收的旅游税,可以划归中央财政支配,用于国际旅游营销等项目支出。对国内旅游者征收旅游税,其地区受益性较大,故应将其划归为地方税,其收入归入地方财政支配,主要用于促进地方旅游产业的发展,如旅游基础设施建设、旅游资源开发和保护、旅游特色商品生产等。

总之,在设计和实施旅游税时,要妥善处理好三个问题,即旅游税制的统一性与灵活性、实施步骤的孰先孰后以及国内和国外的区别与衔接,争取创建一个公平、高效、规范的,适应市场经济发展需要的现代旅游税种。①

6.2.3 开征出境旅游税和房间税

根据目前中国旅游产业的发展状况,增强对中国旅游产业的调控作用,解决旅游产业公共产品及外部性带来的问题,实现旅游产业可持续、健康发展的目标。按照上述旅游税设计的框架,先开征出境旅游税和房间税,加强对出境旅游消费和热点旅游地区的调控。

1. 开征出境旅游税

联合国世界旅游组织 2013 年 4 月 4 日发表声明说,2000 年至 2012 年间,中国海外旅游的游客人数从 1000 万增加到了 8300 万,其旅游消费额增长了近八倍。2012 年中国人在海外旅游消费额达 1020 亿美元,比 2011 年的 730 亿美元增长了 40%。以境外旅游消费额来衡量,中国在 2005 年时排名世界第七,此后陆续超过了意大利、日本、法国和英国,2012 年中国更超过此前长期占据前两位的德国和美国,成为世界第一。②

在目前国内贫富差距不断拉大及出境旅游大幅增加、海外旅游消费高涨的情况下,开征境外旅游税不仅可以有效地调节个人收入分配差距,还可以增加政府的财政收入。征收出境旅游税的目的,主要不是为了控制自费出境旅游人数,而是为了实现社会公平。出境旅游者收入水平较高,对其征收一定数额的税收,并不会对出境旅游人数有太大影响。③

在借鉴国际经验的基础上,取消我国旅游发展基金,改为征收出境旅游税。

---

① 方奕勇,黄春梅.关于我国开征旅游税的探讨[J].南昌大学学报(社科版),1997(2):40-42.
② 国人去年海外消费千亿美元超越美国列全球第一.中国新闻网,2013-4-5.
③ 宋瑞.从收入差距看我国出境旅游管理.人民网,http://www.people.com.cn.

凡中国公民不管是公费还是自费到国外出差、旅游的，由国家税务局在机场和边境口岸对每位出境者征收定额（税额也可以按其出境目的地类别、停留时间等来征收）的出境旅游税。同时对在国外消费奇高者按照消费额（对一般消费可以免征）加征10%的旅游税。该税收入归中央管理和使用，同时为中央筹措旅游促销资金。①

2. 征收房间税或床位税

国际上征收房间税的国家非常多，征收房间税或床位税比较普遍，目前已有的研究成果表明，房间税或床位税对旅游者及相关行业的影响较小，但是却能给政府带来可观的财政收入。如 Combs 和 Elledge（1979）研究发现，对美国的汽车旅馆以及其他形式的游客膳宿实行轻度的从价税对有关行业的影响是微乎其微的。Bonham 等（1991）研究美国夏威夷对宾馆收入征收的房间税，对宾馆收入也没有多少影响。

我国目前征收床位税条件已经成熟，其数额较低，具有隐蔽性，并且不会对国内旅游业带来负面影响。同时又可以为旅游部门提供稳定的收入来源。一方面有利于完善和提高旅游城市旅游设施的水平，解决旅游业发展带来的交通拥堵、环境污染等外部性问题，提高旅游服务质量；另一方面也可以缓解因为门票价格偏低给动物园、公园和博物馆带来的财务困难，促进旅游产业健康、可持续发展。

房间税征收成本低，征税比较容易，可以作为地方政府税收，并且作为发展旅游业的经费来源。各地方政府可以根据当地旅游产业发展的状况决定是否开征房间税。房间税的纳税人为住店客人，范围可以是全部住店游客，也可以选择外地游客或者是外国游客。房间税可以按照每间夜房价作为计税依据，按照3%~10%的比例税率征收，或者针对不同档次的酒店采取不同的税率。同时，考虑不同游客的收入水平，可以对家庭旅馆、青年旅社及经济型酒店的房间税进行税收减免。

---

① 戴学锋. 开征出境旅游消费税的设想[J]. 中国财政, 2004(8):14-15.

6.3 完善市内免税店,健全免税店体系

6.3.1 完善市内免税店的意义

免税业发展的状况如何,特别是市内免税店的发展状况在某种意义上反映了一个国家的开放程度。比如北京奥运会期间,各国政要、国外贵宾和运动员因无法在市内购买免税品,多次向有关部门投诉,对北京大都市形象造成不利影响。因此完善市内免税店具有非常重要的意义。

1. 有利于促进海外高端消费回流

近年,随着经济发展,居民可支配收入日益增长,出入境日益便利化,2012年,国内居民出境人数8318万人次,增长18.4%。其中因私出境7706万人次,增长20.2%,占出境人数的92.6%。内地居民在海外高端商品消费数额巨大。2013年春节期间的一个月,中国人在境外奢侈品消费累计达85亿美元,相比去年的72亿美元增长了18%。消费主要商品分类比例为:名表33%、皮具26%、时装19%、化妆品及香水17%、其他5%;中国人已成为节假日境外最具购买力的奢侈品消费群体,居全球之首。①

据最新《世界奢侈品协会2012"黄金周"中国境外消费分析报告》统计结果,自2012年10月1日至7日,中国人出境消费奢侈品集中累计约38.5亿欧元,同比去年黄金周境外奢侈品消费总额上涨了14%,加上在黄金周期间的境外隐形消费和奢侈品服务业消费,预计总额超过60亿欧元,目前中国黄金周已成为境外奢侈品消费市场最重要的赢利周期。

市内免税店对于吸引国人国外高端商品消费回流具有重要的意义。目前国人海外购买高端商品最直接的原因就是高端商品境内和境外的价格差。市内免税店由于免掉部分税收,价格比完税商品普遍低20%~30%,而且市内免税店的商品有正品保障,如果我国市内免税店对国人开放,将有效促进海外高

---

① 资料来源:世界奢侈品协会2013春节期间境外奢侈品消费监控报告.

端商品消费回流。

2. 有利于增加旅游收入,促进旅游业发展

在旅游发达国家旅游收入中,旅游购物所占比例较高,其中免税品销售对于提高旅游购物收入贡献较大。据一项调查表明,国际旅游者购买免税品的花费已经占其旅游购物支出的30%。免税品业的发展直接关系到旅游业发展和旅游购物收入的提高。

市内免税店的特点是以高档精品为主,品种齐全,而且装修豪华,设备完善,购物环境优良;同时,它又和市内其他的百货公司在供应对象、商品价格上有很大差别,国际免税行业的发展越来越倾向于大型市内店,市内免税店是吸引旅游客源、拉动旅游收入、树立旅游形象、丰富旅游内容、扩大本国产品出口的重要途径。

当前,随着免税业务监管日臻成熟,世界上许多国家都出台了相应的配套政策,积极推动市内免税业务快速发展。像韩国政府允许市内免税店的供应对象扩大到即将出境的本国旅客和入境回国人员,商品经营范围扩大到烟草和酒水,受此推动,韩国市内免税店销售额从最初的2亿多美元猛增至24亿美元,有力地促进了韩国免税业和旅游业的发展。目前,在韩国的乐天市内免税店已经被纳入许多旅行社的旅游行程单,成为大多数旅客必去的旅游目的地之一。

3. 有助于自有品牌走向国际舞台

现阶段,我国缺少有国际影响力的自有品牌,国内旅客购物集中于国外大品牌。国外品牌经营商垄断品牌资源,从中获取高额利润。针对这种情况,一些国家明确规定"市内免税店必须把店内一定比例的销售区域,用于销售本国品牌",以提高自有品牌的国际竞争力。在韩国市内免税店,国产商品如韩国化妆品及韩国人参等特产品牌区域销售非常火爆,韩国国产商品的国际知名度日益提升。因此,通过正确的政策引导,完全可以实现市内免税店作为自有品牌"孵化器"的功能,通过自有品牌与国外高端品牌的同台展示、共同竞争,以国内出境旅客为载体,推动国内自有品牌走向世界,带动国内经济发展。

4. 有利于带动城市经济的迅速发展

旅游业是关联度极高的综合性产业,旅游活动涉及吃、住、行、游、购、娱等

部门,可直接为交通运输、酒店餐饮、商品贸易、旅游景点带来旅游消费收益,同时它的发展还可以带动金融业、邮电通信业、房地产业、环保业等产业的发展,起到优化产业结构、推动地区经济发展、提升国民经济素质的作用。市内免税店可为所有与旅游相关联的领域注入活力,成为加快产业转型,优化产业结构的重要切入口。此外,旅游业又属于劳动密集型行业,而且就业杠杆效应极大。市内免税店还将直接促进就业。

6.3.2 进一步完善市内免税店的思路

根据目前我国旅游业的发展状况、未来发展趋势及免税店建设的基本情况,下一步我国免税店体系完善可遵循以下思路:在完善口岸免税店、供船免税店、运输工具免税店的基础上,通过科学布局和选址,建立市内综合免税店,整合市内免税店、外交人员免税店及出国人员外汇免税店。

1. 建立市内综合免税店,统一经营

免税业是高利润行业,利润主要来源于国家免除的关税和进口环节的增值税和消费税等流转税,这些税收都属于中央财政收入。因此,免税店经营应体现国家垄断和特许经营行业的性质,由中央统一审批经营和管理免税业务。根据财政部、海关总署、国家税务总局、国家旅游局联合下发的《关于〈进一步加强免税业集中统一管理的请示〉的通知》(财外字〔2000年〕1号文件),"各地方、各部门不得与外商合资、合作经营免税品商店或变相允许外商参与免税商店的经营活动"。同时,进一步强调"由中免公司统一经营管理全国免税品销售业务"。因此建立市内综合免税店,应由中免集团统一经营。

2. 市内综合免税店的主要政策内容

(1)免税对象

整合目前口岸免税店和中国出国人员服务总公司市内免税店及外交人员免税店的免税对象,即市内综合免税店的免税对象:国际旅客(包括外籍华人、华侨)及港、澳、台胞,驻华外交官和国际海员及持中华人民共和国护照入境,年满16周岁以上的中国公民,包括:我国常驻境外的外交机构人员、留学人员、访问学者、赴外劳务人员(含以研修生身份外派的劳务人员)、援外人员、远洋船员及因公、因私各类长、短期出国(境)人员(含出境旅游者)。

(2)提货模式

现行"店内买单提货,口岸验放"的模式,在我国实施存在较多困难。因此,为确保市内免税店正常经营,有效避免对有税市场的冲击,可参照国际成功经验,试行"店内买单,口岸提货"的监管模式。该模式是指海外游客和中国旅客(可以在其离境前30天内在市内免税店购物)凭护照和离境机票在市内免税店购物,不可当场领取货物,而是凭借交换券在离境区固定提货点提货。目前包括韩国、菲律宾、泰国、台湾地区等国家和地区都采取了这一监管模式。同时,为了吸引更多游客,免税店还可以为国际旅行团体预留购物及提货通道。外交人员和国际海员可以按照规定的限额在免税店中购买,直接提货。

持中华人民共和国护照入境的中国旅客(年满16周岁以上),自入境之日起180天内,均可凭护照在免税商场内免税购买一定量的免税商品,采用在店内买单提货的方式。

(3)购物限额

根据国外惯例,大多采取高限额或不限额。针对外国人、华侨、外籍华人、港澳台同胞等可以采取不限额的方式。对于我国出境游客一直以来没有明确的限额规定,因此在政策制定中应尽量争取比周边国家更加宽松的限额或是不限额政策。比如韩国政府为了刺激更多本国出境旅客在本国购买免税品,曾多次提高购买额度,从最初的500美元提至目前的市内免税店及出境店合并购买3000美元,而且出境区免税店中销售的物品单价不超过200美金的商品不计入限额范围,所以旅客的购买额度大多超出3000美元,有效吸引本国旅客在本国购买免税品。

回国人员免税店一直以来作为对出国人员在境外购物的补充,其供应对象为回国的中国籍旅客,故此类店又称补购店,如北京、上海中服出国人员服务中心的免税店。为了促进国人海外高端消费回流,我国可提升对入境旅客的购物限额,提升的幅度越大,越能吸引海外消费回流。

(4)经营范围和品种

参照韩国和其他国家的市内店政策,把市内免税店的商品经营范围扩大,重点是烟草、酒水和药品保健品等。增加国内的名优特产品和老字号产品,吸引外国游客,增加旅游购物消费。针对入境人员,突破现有的《旅客进出境行李物品分类表》中第一类物品,扩大到第二类和第三类物品,促进国人把海外高端消费转回国内。

另外,携带免税物品入境,总价限额与入境人员市内购买免税品限额相同,超过者,需向海关申报。未申报物品,除应缴关税外,还将追缴附加税。若故意不申报或虚假申报的,将依法受惩。

6.4　优化入境游客旅游购物退税制度

财政部颁布的《关于在海南开展境外旅客购物离境退税政策试点的公告》,标志着我国购物退税制度正式进入试水和实际操作阶段。这是我国税制的一项积极创新尝试,同时也体现了税收对经济发展方式的引导作用以及对经济结构调整的功能作用。

据统计,2011年在华入境过夜游客人均花费195.38美元/人天,比上年增长6.2%,从花费结构来看:长途交通费占总花费的34.5%,购物费占23.7%,住宿费占11.6%,餐饮费占6.8%,娱乐费占6.2%,游览费占4.6%,市内交通费占2.4%,邮电通信费占1.7%,其他费用占8.6%。和上年相比,入境过夜游客在长途交通、游览、娱乐和市内交通等方面的开支比例有所增加,而在住宿、餐饮、购物、邮电通信和其他费用等方面的支出比例有不同程度的减少。

从入境一日游游客花费的构成来看:交通费占12.5%,餐饮费占13.5%,游览费占11.3%,娱乐费占16.4%,购物费占31.9%,邮电通信费占6.4%,其他费用占8.0%。与上年相比,一日游游客在娱乐和邮电通信等方面的支出比例有所增加,在交通、餐饮、游览和购物和其他方面的支出比例有所减少。[①]

虽然我国入境旅游者购物消费在旅游总花费中的比例逐年上升,但与国际平均水平相比仍有较大差距。特别是旅游业发达国家,旅游者购物花费一般会

---

① 数据来源:中国旅游报,2012年7月27日,第8版.

达到旅游总消费额的 40% 至 50%,这在一定程度说明了我国入境游产品附加值偏低,亟须有效、深度开发购物、娱乐等领域的高利润旅游产品。因此,需要进一步优化我国入境游客购物退税制度。

6.4.1 优化入境游客购物退税制度思路

为了更好拉动旅游消费,促进旅游业的发展,在借鉴国际经验的基础上,可以从退税对象、退税商品范围、退税税种和税率、最低退税金额、退税条件等方面进一步完善海南入境游客购物退税制度,实行全面深度的退税,实现对国外游客更大的吸引力,增强政策效果。在购物退税政策逐渐完善的基础上,尽快扩大入境旅游者购物退税政策的适用范围,率先在涉外旅游商贸较为发达的省市如北京、上海、广东、深圳等地实施,待条件成熟后还可推行异地离境退税的举措,充分发挥购物退税政策的最大经济、社会效益。

1. 扩大退税对象的适用范围

在对国外实行购物退税政策国家的考察中发现,大多数国家将退税对象限定为非本国居民,并且要在本国连续居住不超过 6 个月(超过 6 个月的则对其离境前 3 个月内所购买的商品予以退税)。欧盟国家的退税对象为非欧盟成员国公民,并只有在其离开欧盟时才予以退税。我国的退税政策规定,享受主体境外旅客是指在我国境内连续居住不超过 183 天的外国人和港澳台同胞,不包括华侨。华侨是指具有中国国籍但侨居国外的中国公民,其身份是境外旅客而非外国旅客。在经贸政策上我国相关法律也一贯将华侨视为"外商"。同理,将华侨与外国旅客同等对待的机理和效果也是相同的。①

2. 增加退税商品的种类

各个国家对购物退税商品种类规定不一,但大都是从规定哪些商品为非退税商品来圈定退税商品的范围,例如芬兰政府对书、酒水饮料、烟草制品和服务不予退税,英国规定书、易耗品、大多数食品、童装、餐宿和服务不予退税;而加拿大政府的退税范围较广,除了像在许多欧盟国家一样享受商品出

---

① 邹立刚. 海南国际旅游岛旅客购物制度及其完善[J]. 海南大学学报,2011(6):1-6.

境退税的优惠外,还能获得包括旅馆住宿费、当地旅行社旅游套餐旅费等服务退税。

我国退税物品共计 21 大类 324 种,但海南的特色产品大多不在其列,另外如烟、酒、食品、饮料、水果等外国人感兴趣的产品也不能享受退税。我国这种硬性规定退税物品名录的方式意义不大,由于无法细化罗列所有的商品品种,就给定点免税商店和海关部门的工作带来很大不便。建议借鉴国外的做法,只需要界定并及时调整不予退税的物品即可。

为了发挥政策的效果,可逐渐增加退税商品种类。根据市场需求逐步放宽退税商品范围,适当增加价格弹性相对较大的商品,特别是一些地方土特产品,以提升本国、本地区的区域吸引力,提高产品的品牌影响力;同时不断积极探索旅游购物退税向旅游服务退税的延展,探究游客入境服务性消费退税制度的可行性。这将有利于服务行业乃至整个第三产业的发展,同时也更能体现出旅游消费外部需求内部化的优势。

3. 增加退税税种和提高退税率

购物退税原则要求出口零税,所以各国的退税率一般都与征税率一致,考虑到退税成本的问题,一般退税率都略低于征收率,如表 6-1 所示。我国目前海南境外旅客购物离境退税政策规定的退税税种为增值税,统一退税率为 11%,参照国际其他国家,还有进一步优化的空间。可以比照增值税出口退税政策(货物出口增值税退税设有 5%、9%、13%、15%、16%、17% 档退税率),按不同的产品类别制定不同的退税率。按照国家税务总局公布的出口退税率,外国游客主要感兴趣的陶瓷、茶叶、丝织品、服装等产品的退税率大部分都在 13% 上下,因此可以采用 13% 作为这些产品的购物退税率。借鉴出口退税政策设计的模式和经验,设置差别退税率,对符合产业发展政策和出口导向的商品给予相对较大的退税力度。在政策成熟的条件下,可以把退税税种扩大到消费税,这样把商品所含的间接税退还给境外游客,实现和国际接轨,充分发挥政策效果。

表6-1 各国增值税税率及实际退税率(2002年数据)

国家	增值税税率	实际退税率	国家	增值税税率	实际退税率
奥地利	20%	16.7%	冰岛	24.5%	19.7%
比利时	21%	17.4%	爱尔兰	24.5%	17.4%
加拿大	7%	6.5%	意大利	20%	16.7%
克罗地亚	22%	22%	卢森堡	15%	13%
丹麦	25%	20%	挪威	23%	18.7%
芬兰	22%	18%	葡萄牙	17%	14.5%
法国	20.6%	17.1%	西班牙	17%	13.8%
德国	15%	13%	瑞士	6.5%	6.1%
希腊	18%	15.3%	荷兰	17.5%	14.9%
匈牙利	25%	20%	英国	17.5%	14.9%

引自徐海军.海外旅游者购物退税政策思考[J].旅游学刊,2003(5):5-9.

4.适时调整购物退税最低购物金额

海南试点规定购物退税最低购物金额是指同一境外旅客同一日在同一退税定点商店购买退税物品可以享受退税的额度,目前暂定为800元人民币。实行购物退税制度的国家,起退点的设置是不同的。有的国家设置得很低,比如英国的起退点是10英镑,有的国家设置得较高,比如法国是175欧元。随着我国境外购物退税相关配套设施的不断完善、管理经验的丰富以及管理水平的不断提高,可以根据国外旅客购物消费情况及时调整最低购物金额。同时,为方便游客购物,可以允许将旅客同一天在不同商店的单张或多张购物发票金额进行累计,只要累计后的购物金额达到最低购物水平,同样可获得退税。在这种条件下,可以适当提高退税额度,具体可以根据国外旅客购物消费的平均值来定购物退税最低购物金额。这样能很好地发挥其对消费的刺激作用。

5.放宽退税条件的限制

我国离境退税政策规定境外旅客的退税物品,应当"由境外旅客本人随身携运出境"。而在退税目录中很多物品是不适合"随身携运"的,如大宗家用电器。因此这种"离境"政策亟待改善。另外,如何界定离境?若广义地界定,既不影响国家关境制度,也不损害国家利益,又给予了旅客便利,还能促进旅客购物。因此离境应界定为货物在法律意义上离境,而不是地理意义上的离境。即货物只要办理了出关手续包括托运和邮寄手续即是"离境",并不是指货物在地理上即刻离开海南,也不要求旅客同时刻离开,或者说即便旅客仍在海南或内地旅游度假、探亲访友或公干等,亦不影响"离境退税"的离境条件已经全部符合。①

6.4.2 健全入境游客购物退税配套制度

1. 进一步完善对退税定点商店的认定

《境外旅客购物离境退税海南试点管理办法》第四条规定,退税定点商店应当同时具备八项条件后,才能向国税部门提出申请认定。其中规定商店营业面积要超过2000平方米,商店必须符合《百货店等级划分及评定》中达标百货店的要求以及规定商店经营商品品种丰富等条件,这些严苛的规定,把除百货店以外的许多专营、专卖类特色商品购物网点排除在外,严重限制了定点商店的准入,这是阻碍离境退税政策取得成效的重要原因之一。

因此,对定点商店认定,应取消经营商店须达到2000平方米营业面积的限制。具体根据试点情况适当选择硬件设施条件好、软件管理规范、服务质量高、诚信度高的综合商场、旅游购物定点商店等实施购物退税制度。并随着旅游需求的发展,逐步考察并扩大购物退税商店数量。同时,随时淘汰经营状况不佳的试点商店,实现政策资源的合理配置。

另外,改变由政府部门认定退税定点商店的程序。由政府认定会产生很多问题。政府认定的商店会与市场选择的结果有很大差异。不能实现供给需求的对接。因此,可以借鉴国际经验采取引入第三方服务企业(退税代理机构)的方式,签订服务企业和定点商店之间的合作协议,政府部门通过对服务企业的管理来实现对数量众多的定点商店的掌握。一旦定点商店出现违规违法行为,

---

① 邹立刚.海南国际旅游岛旅客购物制度及其完善[J].海南大学学报,2011(6):1-6.

如售假、宰客等并经查实后,政府主管部门可责令服务企业与其解约,以保证购物退税市场有序发展。同时,市场竞争的结果会促使各个商店为了提高销售额,改进退税的服务水平和效率。

2. 加强监管,简化退税流程

根据境外购物与消费专业退税机构环球蓝联近日在北京发布的数据,2012年,中国游客在欧洲实现的退税购物金额达到了创纪录的30亿欧元(约合人民币244亿元),但这只占可退税总数的50%,还有30亿欧元的退税,中国游客并没有享受到。由于语言不通,使中国消费者在填写退税表格、向导购询问如何退税这样的过程中存在一些障碍。有些第一次去欧洲的游客对购买流程不熟悉,没有保存完整的购物单据,因此导致退税不成功。另外,一些国家退税的手续比较繁杂也会让很多消费者放弃退税。还有通过邮寄的方式退税,但由于相关国家工作出现问题造成退税单丢失,因此造成消费者无法退税。[①]

从上面的数据可以看出,语言的障碍、退税流程的繁杂以及相关退税机构的服务不健全等直接影响着退税的成效。因此,在加强监管的同时,应简化完善退税流程,把退税政策落到实处。目前离境退税政策的基本流程包括购物申请退税、海关验核确认、代理机构退税和集中退税结算四个环节,其中前三个环节直接接触境外旅客,服务和效率非常重要。在积累一定经验以后可以借鉴新加坡的经验,适时推出电子退税系统,实现自助退税,简化退税流程,提高退税效率。

6.5 建立边境自由旅游贸易区

购物免税、退税制度适合选择在北京、上海、江苏浙江、广东、深圳等涉外旅游商务较为发达的省市实施。但对经济不发达及边疆地区来说,会有碍政策公平。而且旅游对于经济不发达及边疆地区的经济、社会、文化的作用明显。因此,可以考虑选择一些旅游资源丰富、边境贸易繁荣、口岸基础设施健全的地

---

① 网易财经,http://money.163.com/13/0517/20/8V3REDUE00254TI5.html。

方,准予设立边境自由旅游贸易区,给予类似自由港和自由加工区的税收优惠政策。对边境自由旅游贸易区视同"境内关外",实行全封闭管理,区内实行零关税税率自由贸易和旅游购物。建议继续实行固定减半征收进口环节税政策,过去减半征收进口环节税的优惠政策曾发挥了较好效果,但由于政策期限短,缺少连续性,没有充分实现政策效应。因此,应将这一政策作为边境自由旅游贸易区的基本政策,固定下来且不设期限,使其充分发挥作用。此外,要提高进口旅游商品在边境自由旅游贸易区的额度。[1]

---

[1] 孙宝文,马衍伟.促进我国旅游业发展的税收对策研究[J].中央财经大学学报,2005(2):9-13.

7 结论与展望

本书以公共产品、外部性、税收原则及旅游税收理论为基础,参考借鉴了国外旅游税收的经验,并研究了中国旅游税收的基本状况及存在的问题,在此基础上,为改革相应的旅游税制献计献策,以期使之充分发挥税收功能,实现旅游经济又好又快地协调发展。

7.1 主要研究成果

通过本书的研究取得的主要成果可以归纳概括为以下几方面:

1. 在系统梳理国内外相关研究的基础上,根据税收参与旅游业分配的性质把税收分为一般旅游税收和特别旅游税收两大类。一般税收,与其他经济领域征税没有区别,只是是针对旅游业征收的,如营业税、所得税、进口关税、销售税及增值税等;另一类是对特定旅游行为征收的税,我们称为旅游税,如酒店和餐馆税、博彩税、机场税、签证费及到达和出发税等,为进一步的研究明确了概念。

2. 由于旅游业在各个国家所处的发展阶段不一样,在经济结构中的地位和作用也不同,不同专家学者处在不同的角度分析,对旅游业征税持有不同的观点,这些理论观点为我们从不同角度分析问题奠定了坚实的理论基础。本书公共产品理论和外部性理论解释了对旅游业征税的理论性原因,税收原则理论解释了应该如何对旅游业征税,旅游税收理论解释了对旅游业征税的影响。

3. 本书梳理了国外在旅游税收方面的实践,既有通过一般税收对旅游征税的制度,也有通过开征特别旅游税来实现对旅游业的调控。其中针对一些旅游行为开征特别旅游税,实现了抵押旅游税税制,为旅游产业的可持续发展奠定了基础,也实现了对旅游业的调节。尤其在旅游购物免税体系及购物退税制度方面为我们进行旅游税制改革提供了很好的经验。

4. 本书对中国旅游税收的现状和存在的主要问题进行了详细的梳理,找出目前我国旅游税收制度存在的问题。并以此为基础,为相应的旅游税制改革建言。其调整思路建议如下:首先,在新一轮税制改革中,进行一般的旅游税制改革。其次,开征新的旅游税种,完善旅游税收体系。然后,建立旅游购物的市内免税店,完善旅游购物免税店体系。最后,建立入境游客旅游购物退税制度,刺激旅游消费。为了体现政策公平,在经济欠发达和边疆地区建立边境自由旅游贸易区。

7.2 研究不足与展望

本书以公共产品理论、外部性理论、税收原则及旅游税收理论为基础,借鉴了国外旅游税收的经验,研究了中国旅游税收的基本状况及存在的问题,在此基础上,提出旅游税制改革建议。但是在研究过程中,我国旅游税收的统计数据非常缺乏,使得研究缺少数据的支撑。由于时间、经历以及数据的限制,没有进一步对中国旅游税收效应进行实证研究。

今后的研究,希望通过对旅游税收进行分类测算,并运用统计手段对数据资料进行有效的处理,对旅游税收影响进行实证研究,为旅游税制改革提供决策依据,进而弥补定性研究的不足。从而,进一步增强现有结论的说服力,提升研究结论的可信度,为政府更好地制定旅游税收政策和进行旅游税制改革提供有益的参考。

主要参考文献

中文参考文献

1. (美)斯坦利·L.布鲁著,焦国华,韩红译.经济思想史[M].北京:机械工业出版社,2003.

2. (英)西蒙·詹姆斯.税收经济学[M].北京:中国财政经济出版社,1988.

3. (英)亚德里恩·布尔.旅游经济学(第二版)[M].大连:东北财经大学出版社,2004.

4. M.瑟尔·辛克莱,麦克·斯特布勒.旅游经济学[M].北京:高等教育出版社,2004.

5. 白彦锋,丁青超."离岛免税":济州岛和冲绳做法可资借鉴[N].中国税务报,2011-01-19005.

6. 张伟勋.中国免税业将实现跨越式发展[N].中国贸易报,2010-07-15003.

7. 伯纳德·萨拉尼.税收经济学.陈新平等译.北京:中国人民大学出版社,2005.

8. 卜祥来.经济发展中的税收政策[M].北京:经济科学出版社,2000.

9. 财政部、国家税务总局关于民航单位收取的机场管理建设费、旅游发展基金应按税法规定征收营业税的通知.财税字〔1995〕5号,1995-03-30.

10. 财政部、商务部、海关总署、税务总局关于印发《海南离岛旅客免税购物商店管理暂行办法》的通知[J].中华人民共和国国务院公报,2012(14):42-43.

11. 巢传球.对加强旅游业税收管理的几点建议[J].现代商业,2011(23):182.

12. 陈洪宛等.入境游客购物退税的国际比较及对我国的启示[J].中国财政,2009(23):67-68.

13. 陈丽君,郑天祥.港澳自由港与低税率经济制度比较研究[J].中山大学学报,社会科学版 2003(6):112-116.

14. 程远英.我国旅游业税收管理的现状及发展趋势[J].金融经济,2010(20):150-151.

15. 迟福林,甘露,何冬妮等.建立海南日用消费品免税区[J].今日海南,2009(7):10-12.

16. 戴学锋.关于我国开征出境旅游消费税的设想[J].中国财政,2004(8):14-15.

17. 邓禾.旅游环境税的国外实践及其对我国的借鉴[J].现代法学,2007(3):124-130.

18. 度学派译文集[C].上海:上海三联书店,上海:上海人民出版社,2002.

19. 方奕勇,黄春梅.关于我国开征旅游税的探讨[J].南昌大学学报(社科版),1997(2):40-42.

20. 高宇轩.我国的旅游税收问题及其管理对策的初步研究[D].南京师范大学,2003:5.

21. 葛夕良.旅游税收的效应与我国旅游税制的完善[J].宏观经济研究,2008(8):28-34.

22. 广西壮族自治区旅游局等.旅游业对国民经济贡献率研究[M].北京:中国旅游出版社,2004.

23. 国家外汇管理局关于免税商品外汇管理有关问题的通知[J].中国对外经济贸易文告,2006(40):22-23.

24. 国务院办公厅关于设立外币免税商店(场)有关问题的通知[J].中华人民共和国国务院公报,1993(8):330-332.

25. 国务院关于试办国家旅游度假区有关问题的通知.国发[1992]46号,1992-08-17.

26. 郝玉柱,李若男.关于我国发展市内免税商店的思考[J].经济纵横,2011(2):41-44.

27. 郝玉柱,宋伟华.北京发展市内免税商店问题探讨[J].商业时代,2011(5):22-24.

28. 郝志敏.直接旅游税收核算的一种方法[J].统计教育,2006(10):44-46.

29. 赫然.我国生态旅游中生态税收之体系构建[J].生态经济,2008(8):114-116,131.

30. 贾卓敏.浦东发展免税业的建议和思考[J].浦东开发,2011(4):34-35.

31. 匡林.费改税与旅游业现状、问题及对策[N].中国旅游报,2001-05-11(C04).

32. 匡林.旅游业政府主导型发展战略研究[M].北京:中国旅游出版社,2001.

33. 李海莲.中国构建入境游客购物退税制度研究[J].求索,2011(1):41-43,74.

34. 李小热,夏杰长.旅游业税收政策改革的基本原则与对策思路[J].税务研究,2008(5):22-25.

35. 林南枝.旅游市场学[M].天津:南开大学出版社,1996.

36. 刘承达.旅游税理论研究初探[J].财经界(学术版),2009(12):216-217.

37. 刘邓,李莎.对旅游业开征旅游税的刍议[J].市场周刊,2006(11):150-152.

38. 刘隆亨,孙健波.我国建立境外旅客购物离境退税制度研究[J].税务研究,2010(5):49-52.

39. 卢现祥.新制度经济学[M].武汉:武汉大学出版社,2003.

40. 罗明义.改革与发展:"十一五"云南旅游发展特点与成效[J].旅游研究,2011(3):1-8.

41. 马衍伟,商庆军.世界各国旅游税收的理论分析与成功经验[J].商业研究,2005(15):203-206.

42. 苗月新.试论促进我国旅游消费健康发展的税收政策[J].税务研究,2010(9):68-71.

43. 潘明.我国免税业发展状况及相关政策分析——基于对海南国际旅游岛建设的思考[J].地方财政研究,2009(11):47-51.

44. 邱玉莲,周珊.我国旅游业税收政策存在的问题及对策[J].商业会计,2011(14):66-67.

45. 沈满洪,何巧灵.外部性的分类及外部性理论演化[J].浙江大学学报(人文社会版),2002(1):152-160.

46. 石英.我国旅游业税源管理存在的问题及对策研究[J].会计之友,2012(9):67-69.

47. 石英.我国旅游业营业税政策和征管存在的问题及完善[J].商业会计,2011(27):46-47.

48. 孙宝文,马衍伟.促进我国旅游业发展的税收对策研究[J].中央财经大学学报,2005(2):9-13.

49. 王建勋.促进旅游业发展的财政政策选择[J].中央财经大学学报,2011(6):11-16.

50. 魏小安.中国休闲经济[M].北京:社会科学文献出版社,2005.

51. 邬义军,邱均.产业经济学[M].北京:中国统计出版社,1994.

52. 邢剑华.旅游税规范研究初探[J].桂林旅游高等专科学校学报,2007(2):268-271.

53. 徐桂华,杨定华.外部性理论的演变与发展[J].社会科学,2004(3):26-30.

54. 徐海军,黄震方,侯兵.海岛旅游研究新进展对海南国际旅游岛建设的启示[J].旅游学刊,2011(4):36-43.

55. 徐海军.海外旅游者购物退税政策思考[J].旅游学刊,2003(5):5-9.

56. 徐生朋.促进我国旅游业发展的税收政策取向[J].合作经济与科技,2007(17):77-78.

57. 杨劲松.我国国际旅游中的免税业发展问题探析[J].对外经贸实务,2012(8):8-11.

58. 杨九铃.国际离岛退免税政策和我国海南离境退免税政策的探讨[J].商业

会计,2012(13):36-38.

59. 依绍华.迈出困境的坚实一步——大力实施旅游商品退税制度[J].时代经贸,2005(2):92-93.

60. 张广瑞等.中国旅游发展绿皮书[M].北京:社会科学文献出版社,2011.

61. 张汉东.购物退税,怎么看[N].浙江日报,2011-01-24(011).

62. 张京萍,翟文兴.现阶段我国应实行入境旅客购物退税制度[J].税务研究,2008(7):49-52.

63. 张蕊,曾令辉.境外旅客购物离境退税政策思考[J].中国财政,2011(10):52-53.

64. 张晓颖.中国免税商品产业链发展研究[D].对外经济贸易大学,2006.

65. 张新华.免税业走向旅游零售[J].新经济导刊,2010(9):43-45.

66. 中国社会科学院旅游中心.2011—2012年中国旅游发展分析[M].北京:社会科学文献出版社,2012.

67. 中华人民共和国海关对免税商店及免税品监管办法[J].中华人民共和国国务院公报,2006(27):19-21.

68. 朱大旗,李岳.论出口退税制度的法理基础——税收中性与税收调控的结合[J].法学杂志,2005(1):54-57.

69. 朱桦,王志明.上海实施"购物免、退税"政策研究[J].上海商业,2011(11):20-30.

70. 朱为群,彭辉芳等.国外发展旅游业的财税政策[J].外国经济与管理,1991(10):37-39.

英文参考文献

1. Accinelli E, Brida J G, Carrera E & Pereyra J S (2007). The effects on environmental investment of changes in tourism demand. TOURISMOS: An International Multidisciplinary Journal of Tourism, Vol. 2, No. 2, pp. 129-140.

2. Aguiló E, Riera A & Rosselló J (2005). The short-term price effect of a tourist

tax through a dynamic demand model. The case of Balearic Islands. Tourism Management, Vol. 26, No.3, pp.359 – 365.

3. Annals of Tourism Research, Vol. 33, No.2, pp.456 – 469.

4. Arbel A, Ravid S (1983). An industry energy price impact model: the case of the hotel industry. Applied Economics, Vol. 15, pp.705 – 714.

5. Auerbach A (1985). The Theory of Excess Burden and Optimal Taxation. In Auerbach A. and M. Feldstein (Eds) Handbook of Public Economics. North Holland: Amsterdam.

6. Hazari B, Nowak J(2003). Tourism, Taxes and Immiserization: A Trade Theoretic Analysis, Pacific Economic Review 8, pp. 279 – 287.

7. Bird R (1992). Taxing Tourism in Developing Countries. World Development, Vol. 20, No. 8, pp. 1145 – 1158.

8. Blake A (2000). The Economic Effects of Tourism in Spain. Discussion Paper Series 2000/2, Christel DeHaan Tourism and Travel Research Institute, University of Nottingham.

9. Bonano G (1986). Vertical differentiation with Cournot Competition. Economic Notes, Vol. 15, pp. 68 – 91.

10. Bonham C, Gangnes B (1996). Intervention analysis with cointegrated time series: the case of Hawaii hotel room tax. Applied Economics, Vol. 28, pp.1281 – 1293.

11. Brida J G, Pereyra J S (2008b). Investment on environmental quality of a tourist region: an economic model with vertical differentiation and externalities. Anatolia: an International Journal of Tourism andHospitality Research, Vol. 19, No.2.

12. Piga C. Territorial Planning and Tourism Development Tax, Annals of Tourism Research 30 (2003), pp. 886 – 905.

13. Calveras A (2003). Incentives of international and local hotel chains to invest in environmental quality. Tourism Economics, Vol. 9, No.3, pp.297 – 306.

14. Clarke H R, Yew-Kwang Ng(1993). Tourism, Economic Welfare and Efficient Pricing. Annals of Tourism Research, Vol. 20, No. 4, pp. 613–632.
15. Clewer A (1992). Price competitiveness and inclusive tour holidays on European cities. In P. Johnson and B. Thomas (Eds). Choice and Demand in Tourism, London: Mansell.
16. Combs J P, Elledge B (1979). Effects of Room Tax on Resort Hotels/Motels. National Tax Journal, Vol. 32, pp. 201–207.
17. Copeland B R (1991). Tourism, Welfare and De-industrialisation in a Small Open Economy. Economica, Vol. 58, pp. 515–529.
18. Corlette W J, Hague D C (1953). Complementarity and the Excess Burden of Taxation. Review of Economic Studies, Vol. 21, pp. 21–30.
19. Cremer H, Thisse J F (1991). Location models of horizontal differentiation: a special case of vertical differentiation models. The Journal of Industrial Economics; Vol. 39, No.4, pp. 383–390.
20. Durbarry R & Sinclair T (2001). Tourism Taxation in the UK. Discussion Paper Series 2000/1, Christel DeHaan Tourism and Travel Research Institute, University of Nottingham.
21. Fujii E, Khaled M & Mak J. The Exportability of Hotel Occupancy and Other Tourist Taxes, National Tax Journal 38 (1984), pp. 169–177.
22. Feldstein M S (1972). Distributional Equity and the Optimal Structure of Public Prices. American Economic Review, Vol. 62, pp. 32–36.
23. Fick G, Ritchie J R (1991). Measuring services quality in the travel and touristy industry. Journal of Travel Research, Vol. 30, No. 2, pp. 2–9.
24. Fish M (1982). Taxing International Tourism in West Africa. Annals of Tourism Research, Vol. 9, No.1, pp. 91–103.
25. Gabszewick J, Thisse J (1979). Price competition, quality and income disparities. Journal of Economic Theory, Vol. 20, pp. 327–338.
26. González M, León C (2001). The adoption of environmental innovations in the

hotel industry of Gran Canaria. Tourism Economics, Vol. 7, No. 2, pp. 177 – 190.

27. Gooroochurn N, Sinclair T (2005). Economics of tourism taxation. Evidence from Mauritius. Annals of Tourism Research, Vol. 32, No.2, pp. 478 – 498.

28. Gooroochurn N (2003b). The Economy-wide Effects of Tourism Taxation in a Distorted Economy: A General Equilibrium Analysis. Mimeo, Tourism and Travel Research Institute. University of Nottingham.

29. Gray P H (1982). The Contributions of Economics to Tourism. Annals of TourismResearch, Vol. 9, pp. 105 – 125.

30. Gray P H (1987). The Role of tourism in Economic Development. in Millet J. (Ed) The Role of Tourism in Development, Institute of National Affairs Discussion Paper No. 89.

31. Hughes H. A Tourism Tax: The Cases For and Against, International Journal of Tourism Management 2 (1981), pp. 22 – 36.

32. Hiemstra S J, Ismail J A (1993). Incidence of Impacts of Room Taxes on the Lodging Industry. Journal of Travel Research, Vol. 31, pp. 22 – 23.

33. Horridge J M, Parmenter B R & Pearson K R (1993). ORANI – F: A general Equilibrium Model of the Australian Economy. Economic and Financial Computing, Vol. 3, No.2, pp. 71 – 140.

34. Huybers T, Bennet J (2000). Impact of the environmental on holiday destination choices of prospective UK tourists; implications for Tropical North Queensland. Tourism Economics, Vol. 6, No. 1, pp. 31 – 46.

35. Mak J, Nishimura E. The Economics of a Hotel Room Tax, Journal of Travel Research 17 (1979) (4), pp. 2 – 6.

36. Jensen T, Wanhill S (2002). Tourism's Taxing Times: Value Added in Europe and Denmark. Tourism Management, Vol. 23, pp. 67 – 79.

37. Mayor K, Tol R. The Impact of the UK Aviation Tax on Carbon Dioxide Emissions and Visitor Numbers, Transport Policy 9 (2007), pp. 1 – 7.

38. Keane M (1997). Quality and pricing tourism in destinations. Annals of Tourism Research, Vol. 24, No. 1, pp. 117 – 130.

39. Gooroochurn N (2004). Tourism Taxation: A Theoretical and Empirical Investigation. Paper presented at ECOMOD International Conference, Brussels, and September 2004.

40. Palmer T, Riera A (2003). Tourism and environmental taxes. With special reference to the "Balearic ecotax". Tourism Management, Vol. 24, No. 6, pp. 665 – 674.

41. Paton D, Seigel D & William L V (2002). The Impact of Taxation on the Demand for Gambling. Nottingham University Business School Discussion Paper, 2002/5.

42. Pintassilgo P, Silva J (2007). The tragedy of commons in the tourism accommodation industry. Tourism Economics, Vol. 13, No. 2, pp. 209 – 224.

43. Abeyratne R (1993). Air Transport Tax and Its Consequences on Tourisms, Annals of Tourism Research, Vol. 20, No. 3, pp. 450 – 460.

44. Fritz R (1982). Tourism, Vacation Home Development and Residential Tax Burden: A Case Study of the Local Finances of 240 Vermont Towns, American Journal of Economics and Sociology, Vol. 41, No. 4, pp. 375 – 385.

45. Tol R (2007). the Impact of a Carbon Tax on International Tourism, Transportation Research part, Vol. 12, pp. 129 – 142.

46. Hiemstra S, Ismail J (1993). Analysis of Room Taxes Levied on the Lodging Industry, Journal of Travel Research, Vol. 31, No. 4, pp. 22 – 26.

47. Sakai Y (1985). A Micro-Analysis of Demand for travel Goods: An Application to the Business Traveller. Unpublished Doctoral Dissertation, University of Hawaii.

48. Sathiendrakamar R, Tisdell C (1987). Tourism and the economic Development of the Maldives. Annals of Tourism Research, Vol. 16, pp. 254 – 269.

49. Sinclair M, Stabler M (1997). The Economics of Tourism. Routledge, London.

50. Palmer – Tous T, Riera – Font A & Rselló – Nadal J (2007). Taxing Tourism: the Case of Rental Cars in Mallorca, Tourism Management, Vol. 28, pp. 271 – 279.

51. Tirole J (1988). The theory of industrial organization. MIT Press, Cambridge. UNWTO. (2007). World Tourism Barometer. Vol. 5, No. 2.

52. Tisdell C A (1983). Public Finance and the Appropriation of Gains from International Tourists: Some Theory with ASEAN and Australian Illustrations. Singapore Economic Review, Vol. 28, pp. 3 – 20.

53. Warnken J, Bradley M & Guilding C (2004). Exploring methods and practicalities of conducting sector—wide energy consumption accounting in the tourist accommodation industry. Ecological Economics, Vol. 48, pp. 125 – 141.

54. Wauthy X (1996). Quality Choice in models of vertical differentiation. The Journal of Industrial Economics, Vol. XLIV, No. 3.

55. World Tourism Organisation [WTO] (1999). Tourism Satellite Account (TSA): The conceptual Framework. WTO: Madrid.

56. World Travel and Tourism Council [WTTC] (2002), World Travel and Tourism Council Tourism Tax Barometer, London.

57. WTO—World Tourism Organization (1998). Tourism Taxation: Striking a Fair Deal, World Tourism Organization, Madrid.

附录 旅游税收相关政策文件汇编

国务院关于试办国家旅游度假区有关问题的通知
国发〔1992〕46号

为进一步扩大对外开放,开发利用我国丰富的旅游资源,促进我国旅游业由观光型向观光度假型转变,加快旅游事业发展,国务院决定在条件成熟的地方试办国家旅游度假区,鼓励外国和台湾、香港、澳门地区的企业、个人(以下简称外商)投资开发旅游设施和经营旅游项目。现将有关问题通知如下:

一、国家旅游度假区是符合国际度假旅游要求,以接待海外旅游者为主的综合性旅游区。国家旅游度假区,应有明确的地域界限,适于集中建设配套旅游设施,所在地区旅游度假资源丰富,客源基础较好,交通便捷,对外开放工作已有较好基础。

二、旅游业是国家鼓励发展的创汇型产业,对国家旅游度假区实行以下优惠政策:

(一)在区内兴办的外商投资企业,其所得税减按24%的税率征收;其中生产性外商投资企业,经营期在十年以上的,从企业获利年度起,第一年和第二年免征企业所得税,第三年至第五年减半征收企业所得税。

(二)区内的外商投资企业在投资总额内进口自用的建筑材料、生产经营设备、交通工具和办公用品;常驻的境外客商和技职人员进口的安家物品和自用交通工具,在合理数量范围内,免征关税和进口工商统一税。为生产出口旅游商品而进口的原材料、零部件、元器件、配套件、辅料、包装物料,海关按保税货物的有关规定办理。

(三)建设度假区基础设施所需进口的机器、设备和其他基建物资,免征进口关税和产品税(增值税)。

(四)区内可开办外汇商店,具体审批按国家有关规定办理。

(五)区内可开办使用国产车的中外合资经营的旅游汽车公司。对其购置的国产车,在核定的数量内,国家免征横向配套费、车辆购置附加费和特别消费税。对国内企业在区内开办的旅游汽车公司,可比照上述政策执行。这些车辆限于区内旅游汽车公司自用,不得转售。具体由国家计委会同有关部门办理。

(六)区内可开办中外合资经营的第一类旅行社,经营区内的海外旅游业务。具体由国家旅游局负责审批和管理。

(七)区内的开发建设用地,按《中华人民共和国城镇国有土地使用权出让和转让暂行条例》(国务院〔1990〕第55号令)办理。土地出让金从该区批准兴办之日起,五年内留在区内用于基础设施建设。

(八)区内的旅游外汇收入,从该区批准兴办之日起,外汇额度五年内全额留成,用于区内自我滚动发展。

三、国家旅游度假区内利用外商投资建设的旅游设施项目,投资额在国务院规定的审批限额以内的,由所在省、自治区、直辖市和计划单列市自行审批,其中旅游住宿设施项目,应报国家旅游局和国家计委、经贸部备案;投资额在国务院规定的审批限额以上的,按国家有关规定办理。利用外商投资建设的旅游住宿设施项目,企业经营期限一般不得超过30年。

四、试办国家旅游度假区,由地方人民政府报国务院审批。

五、试办国家旅游度假区,是旅游业深化改革、扩大开放,改变我国旅游产品结构,提高旅游产品档次,提高国际竞争力的一项重要部署。国务院有关部门和有关地方政府要切实做好规划,搞好试点工作。旅游度假区起步阶段规模不宜过大,应从小到大,逐步发展。

财政部关于税制及外汇管理体制改革后有关旅游企业财务问题处理的通知
财外字〔1994〕457号

根据国务院发布的税收条例以及国家外汇管理体制改革的规定,现就各项改革后有关旅游企业财务问题的处理通知如下：

一、企业按其营业额和规定的税率计算交纳的营业税，计入营业税金及附加；企业销售不动产（不含房地产企业）按销售额计算的营业税，在计算出售固定资产净损益时直接扣除；企业销售无形资产按销售额计算的营业税计入营业税金及附加。

二、从1994年起，企业不再向主管部门上交税后利润。各级财政部门根据实际情况，可允许企业按一定比例向其主管部门上交行政管理费，这部分费用在"八五"期间内，在计算应纳税所得额时准予扣除。企业主管部门节余的管理费可结转下年度使用，但应相应核减下年度的提取比例或数额。

三、企业工资的列支问题按(94)财税字第9号文件第五条的规定执行。未实行工效挂钩的企业，发放的工资额超过计税工资标准，但不超过有关部门核定的工资计划或者工资包干基数的部分，可计入成本费用，在纳税时进行调整。

四、企业按计税工资总额14%提取的福利费，在计算应纳税所得额时予以扣除。企业福利费超支部分，经主管财政机关批准后，可计入成本费用，在纳税时进行调整。

五、在"八五"期间，国家留给企业的未分配利润，应大部分转为盈余公积金，小部分可转为公益金，具体比例由同级财政部门核定。

六、其他问题，按(94)财工字第42号文件的有关规定执行。

七、本制度从1994年1月1日起执行。

财政部 国家税务总局关于民航单位收取的机场管理建设费、旅游发展基金应按税法规定征收营业税的通知

财税字〔1995〕5号

各省、自治区、直辖市和计划单列市财政厅（局）、国家税务局、地方税务局：

据反映，一些民航单位认为由机场向中外旅客收取的机场管理建设费过去属于免税项目，实行新税制后并未具体明确对该项目停止免税；旅游发展基金属于为财政代收款项，因而拒绝将这两项收费并入营业额中计算缴纳营业税。这是违反税法的行为。实行新税制后，原营业税的法规均已废止，过去所作的

减税免税规定也一律停止执行,对此已有明文规定。关于纳税人代收款项,营业税暂行条例及其实施细则明确规定应并入营业额中计算缴纳税款。为了维护税制的统一规范,巩固税制改革成果,各地财政和地方税务部门对于一些民航单位违反税法的行为应坚决予以纠正,责令其限期将这两项收费应纳的营业税补缴入库,对于仍然拒绝缴纳的,应依法按照抗税予以严肃处理。

特此通知,请遵照执行。

根据海关总署令第198号(关于修改部分规章)将第七条"或依照《对入境旅客行李物品和个人邮递物品征收进口税办法》向海关补缴进口税"修改为"或依照相关规定向海关补缴进口税";将第十二条引用的"《中华人民共和国海关法行政处罚实施细则》"修改为"《中华人民共和国海关行政处罚实施条例》";将第十一条"按《中华人民共和国海关法》第二十三条规定处理"修改为"按《中华人民共和国海关法》第五十一条规定处理"。

中华人民共和国海关对中国籍旅客进出境行李物品的管理规定
(1996年8月10日海关总署令第58号公布)

第一条 根据《中华人民共和国海关法》及其他有关法规,制定本规定。

第二条 本规定适用于持中华人民共和国护照等有效旅行证件出入境的旅客,包括公派出境工作、考察、访问、学习和因私出境探亲、访友、旅游、经商、学习等中国籍居民旅客和华侨、台湾同胞、港澳同胞等中国籍非居民旅客。

第三条 中国籍旅客携运进境的行李物品,在本规定所附《中国籍旅客带进物品限量表》(简称《限量表》,见附件1)规定的征税或免税物品品种、限量范围内的,海关准予放行,并分别验凭旅客所持有效出入境旅行证件及其他有关证明文件办理物品验放手续。

对不满16周岁者,海关只放行其旅途需用的《限量表》第一类物品。

第四条 中国籍旅客携运进境物品,超出规定免税限量仍属自用的,经海关核准可征税放行。

第五条 中国籍旅客携带旅行自用物品进出境,按照《中华人民共和国海关对进出境旅客旅行自用物品的管理规定》办理验放手续。

第六条 获准进境定居的中国籍非居民旅客携运进境其在境外拥有并使用过的自用物品及车辆,应在获准定居后三个月内持中华人民共和国有关主管部门签发的定居证明,向定居地主管海关一次性提出申请。上述自用物品中,除本规定所附《定居旅客应税自用及安家物品清单》(见附件2)所列物品需征税外,经海关审核在合理数量范围内的准予免税进境。其中完税价格在人民币1 000元以上,5 000元以下(含5 000元)的物品每种限1件。自用小汽车和摩托车准予每户进境各1辆,海关照章征税。

获准进境的自用物品及车辆,应自海关批准之日起六个月内从批准的口岸运进,物品进境地海关凭定居地主管海关的批准文件,对其中的机动交通工具,同时凭旅客填具的"进口货物报关单"办理验放手续。

第七条 定居旅客自进境之日起,居留时间不满二年,再次出境定居的,其免税携运进境的自用物品应复运出境,或依照《中华人民共和国海关关于入境旅客行李物品和个人邮递物品征收进口税办法》向海关补缴进口税。

再次出境定居的旅客,在外居留不满二年,重新进境定居者,海关对其携运进境的自用物品均按本规定第三条办理。

第八条 进境长期工作、学习的中国籍非居民旅客,在取得长期居留证件之前,海关按照本规定验放其携运进出境的行李物品;在取得长期居留证件之后,另按海关对非居民长期旅客和常驻机构进出境公、私用物品的规定办理。

第九条 对短期内多次来往香港、澳门地区的旅客和经常出入境人员以及边境地区居民,海关只放行其旅途必需物品。具体管理规定授权由关海关制定并报中华人民共和国海关总署批准后公布实施。

前款所述"短期内多次来往"和"经常出入境"指半个月(15日)内进境超过1次。

第十条 除国家禁止和限制出境的物品另按有关规定办理外,中国籍旅客携运出境的行李物品,经海关审核在自用合理数量范围内的,准予出境。

以分离运输方式运出的行李物品,应由本人持有效的出境证件,在本人出境前向所在地海关办理海关手续。

第十一条 中国籍旅客进出境行李物品,超出自用合理数量及规定的限量、限值或品种范围的,除另有规定者外,海关不予放行。除本人声明放弃外,应在三个月内由本人或其代理人向海关办理退运手续;逾期不办的,由海关按《中华人民共和国海关法》第二十三条规定处理。

第十二条　旅客进出境时应遵守本规定和中华人民共和国海关总署授权有关海关为实施本规定所公告的其他补充规定。违者,海关将依照《中华人民共和国海关法》和《中华人民共和国海关法行政处罚实施细则》的有关规定处理。

第十三条　本规定由中华人民共和国海关总署负责解释。

第十四条　本规定自1996年8月15日起实施。

附件1

中国籍旅客带进物品限量表
(中华人民共和国海关总署1996年8月15日修订)

类别	品种	限量
第一类物品	衣料、衣着、鞋、帽、工艺美术品和价值人民币1 000元以下(含1 000元)的其他生活用品	自用合理数量范围内免税,其中价值人民币800元以上,1 000元以下的物品每种限一件
第二类物品	烟草制品 酒精饮料	(1)香港、澳门地区居民及因私往来香港、澳门地区的内地居民,免税香烟200支,或雪茄50支,或烟丝250克;免税12度以上酒精饮料限1瓶(0.75升以下) (2)其他旅客,免税香烟400支,或雪茄100支,或烟丝500克;免税12度以上酒精饮料限2瓶(1.5升以下)
第三类物品	价值人民币1 000元以上,5 000元以下(含5 000元)的生活用品	(1)驻境外的外交机构人员、我出国留学人员和访问学者、赴外劳务人员和援外人员,连续在外每满180天(其中留学人员和访问学者物品验放时间从注册入学之日起算至毕业结业之日止),远洋船员在外每满120天任选其中1件免税 (2)其他旅客每公历年度内进境可任选其中1件征税

注：

1. 本表所称进境物品价值以海关审定的完税价格为准；
2. 超出本表所列最高限值的物品,另按有关规定办理；
3. 根据规定可免税带进的第三类物品,同一品种物品公历年度内不得重复；
4. 对不满16周岁者,海关只放行其旅途需用的第一类物品；
5. 本表不适用于短期内多次来往香港、澳门地区旅客和经常进出境人员以及边境地区居民。

附件2

定居旅客应税自用及安家物品清单

1. 电视机 2. 摄像机 3. 录像机 4. 放像机 5. 音响设备 6. 空调器 7. 电冰箱、电冰柜 8. 洗衣机 9. 照相机 10. 传真机 11. 打印机及文字处理机 12. 微型计算机及外设 13. 电话机 14. 家具 15. 灯具 16. 餐料（含饮料、酒） 17. 小汽车 18. 摩托车

财政部海关总署国家税务总局国家旅游局关于印发《关于进一步加强免税业务集中统一管理的请示》的通知

财外字〔2000〕1号

各省、自治区、直辖市、计划单列市人民政府,国务院有关部委：

为进一步加强国家对免税业务的集中统一管理,促进我国免税业务在符合国际惯例、适应社会主义市场经济要求的前提下持续、健康发展,增强参与国际免税品市场的竞争能力,财政部、海关总署、国家税务总局和国家旅游局上报国务院的《关于进一步加强免税业务集中统一管理的请示》已经国务院批准,现印发给你们,请遵照执行。该请示中关于进一步加强免税业务集中统一管理的有关规定自2000年1月1日起执行。有关设立免税商店的审批,待有关部门制定规范程序后,按程序办理。

附件：关于进一步加强免税业务集中统一管理的请示

抄报：国务院办公厅

2000年3月1日

关于进一步加强免税业务集中统一管理的请示

国务院：

为了适应我国改革开放的需要,完善旅游购物环境,增加国家外汇收入,参照国际上的通行做法,我国于1979年11月开办免税品销售业务。经国务院批准,由中国免税品(集团)总公司(原中国免税品公司)统一管理经营免税品销售业务,对全国免税店实行"统一经营、统一组织进货、统一制定零售价格、统一制定管理规定"的政策,并陆续制定了一系列配套制度。通过20年的努力,我国已初步形成了较为完善的免税商品销售网络,为海内外旅游者、驻华外交人员和国际海员提供了良好的免税购物服务,增强了口岸功能,促进了旅游业的发展,为国家赚取了大量外汇。中国免税业已在世界免税业界占据了重要的地位。

但是,由于我国开办免税业务毕竟缺乏经验,从目前来看,仍然存在以下突出问题：

1. 管理体制不顺。目前,除中国免税品(集团)总公司外,从事经营免税品销售业务的还有民航、交通、铁路等部门和一些地方政府,经营管理权分散,国务院制定的"四统一"的免税品经营业务政策无法得到全面贯彻落实;由此引起免税销售业务内部竞争无序,形成多家经营、多头对外的局面。目前,还有很多免税店纷纷提出要自主采购、自主经营,有的还通过招投标将免税业务出让给外商经营。这种做法不仅冲击了国家对免税品垄断经营的体制,而且还削弱了规模采购的优势,提高了免税品的采购成本,其结果是免税店失掉许多潜在的顾客,国家利益受损,外商从中渔利。

2. 企业与国家分配关系不顺。由于免税品销售业务免掉的是国家关税、进口环节税等中央税收,而在现行办法下,免税业务经营权分散在地方和部门,免税店所得收益全部归经营部门和地方所有,在经营利润的分配上没有体现中央集中管理、收益适当上交的原则。因此,一些部门、地方从局部利益出发,漠视国家现行政策,相互攀比,争要免税业务经营权,造成部门和地方利益抬头。

这些问题的存在,扰乱了我国免税业统一的市场秩序,损害了国家利益,也阻碍了免税业的进一步发展。

我们认为,1979年我国开设免税业务,主要是顺应改革开放后日益增多的外国游客来我国旅游购物的需要,借鉴了国际上通行的免税业务的做法,但在管理体制上与国际惯例有一定差距。我国改革开放至今已经20多年,在此期间,我国确立了社会主义市场经济体制,1994年还借鉴国际上市场经济国家的经验,实行了符合社会主义市场经济要求的分税制财政体制改革。而我国免税业管理体制却一直未变,影响了该行业的健康发展。从国际上看,由于免税销售业务免征的是属于中央收入的进口关税和进口环节税,因此,各国的免税业均体现了国家垄断和特许经营的性质,由中央集中管理,统一经营。这也是我国免税业需要加以完善的方面。为了促进我国免税业在适应社会主义市场经济要求的前提下持续、快速、健康发展,更好地为改革开放、经济建设和旅游业发展服务,我们建议:

一、由于免税品销售业务免掉的是国家关税、进口环节税等中央税收,涉及海关监管和旅游购物管理,制定国家有关免税品销售业务的政策,由财政部牵头会同海关总署、国家税务总局和国家旅游局提出意见,报国务院审批。

二、免税业应体现国家垄断和特许经营行业的性质,免税业务的经营权和管理权在中央,坚持统一审批的原则,地方及各部门无权审批经营管理免税业务。设立出境口岸免税品分公司和免税店,由中国免税品(集团)总公司提出申请,财政部会同海关总署、国家税务总局、国家旅游局从严掌握审批,其他部门和地方政府无权自行审批;开办市内免税店,由中国免税品(集团)总公司提出申请,财政部会同海关总署、国家旅游局和国家税务总局提出意见报国务院审批。

三、各级海关应加强对获准经营免税品销售业务单位各种免税商品的严格监管。

四、地方和各部门不得与外商合资、合作经营免税店或变相允许外商参与免税店的经营活动。

五、为体现免税业的特许经营政策,进一步理顺企业与国家的利益分配关系,中央财政对免税店收取专营利润。

六、中国免税品公司与原主管部门脱钩交由中央管理后,仍应继续坚持集中统一经营管理的原则,严格贯彻国务院规定的国家统一经营、统一组织进货、统一制定零售价格、统一制定管理规定的"四统一"方针,全国各地的免税品公司和免税店不得自行进货。

七、制定完善的免税企业财务管理制度,加强企业内部的财务管理。中国免税品(集团)总公司及所有免税店实行统一的财务核算体系,从体制上、机制上加强对国有资产的有效监督,确保国有资产及其权益不受侵犯。

八、中国免税业应以资产为纽带,坚持建立现代企业制度改革的方向,积极推进规范的公司制改革,加快企业规模化、集团化经营的步伐,将目前经营管理权分属部门和地方的免税店,逐步纳入中国免税品(集团)总公司集中统一经营管理,同时今后对其他部门和地方不再批准免税店(公司),促进中国免税业的集团化、连锁化经营,提高管理水平,增强参与国际免税市场竞争的能力。

妥否,请批示。

财政部、国家税务总局、海关总署
关于西部大开发税收优惠政策问题的通知
财税〔2001〕202号

各省、自治区、直辖市、计划单列市财政厅(局)、国家税务局、地方税务局,海关总署广东分署,各直属海关:

为体现国家对西部地区的重点支持,全面贯彻落实《国务院关于实施西部大开发若干政策措施的通知》(国发〔2000〕33号)及《国务院办公厅转发国务院西部开发办关于西部大开发若干政策措施实施意见的通知》(国办发〔2001〕73号)精神,现将西部大开发的税收优惠政策问题通知如下:

一、适用范围

本政策的适用范围包括重庆市、四川省、贵州省、云南省、西藏自治区、陕西省、甘肃省、宁夏回族自治区、青海省、新疆维吾尔自治区、新疆生产建设兵团、内蒙古自治区和广西壮族自治区(上述地区以下统称"西部地区")。湖南省湘西土家族苗族自治州、湖北省恩施土家族苗族自治州、吉林省延边朝鲜族自治州,可以比照西部地区的税收优惠政策执行。

二、具体内容

1. 对设在西部地区国家鼓励类产业的内资企业和外商投资企业,在2001年至2010年期间,减按15%的税率征收企业所得税。

国家鼓励类产业的内资企业是指以《当前国家重点鼓励发展的产业、产品和技术目录(2000年修订)》中规定的产业项目为主营业务,其主营业务收入占企业总收入70%以上的企业。

国家鼓励类的外商投资企业是指以《外商投资产业指导目录》中规定的鼓励类项目和由国家经济贸易委员会、国家发展计划委员会和对外经济贸易合作部联合发布的《中西部地区外商投资优势产业目录》(第18号令)中规定的产业项目为主营业务,其主营业务收入占企业总收入70%以上的企业。

2. 经省级人民政府批准,民族自治地区的内资企业可以定期减征或免征企业所得税,外商投资企业可以减征或免征地方所得税。中央企业所得税减免的审批权限和程序按现行有关规定执行。

3. 对在西部地区新办交通、电力、水利、邮政、广播电视企业,上述项目业务收入占企业总收入70%以上的,可以享受企业所得税如下优惠政策:内资企业自开始生产经营之日起,第一年至第二年免征企业所得税,第三年至第五年减半征收企业所得税;外商投资企业经营期在10年以上的,自获利年度起,第一年至第二年免征企业所得税,第三年至第五年减半征收企业所得税。

新办交通企业是指投资新办从事公路、铁路、航空、港口、码头运营和管道运输的企业。新办电力企业是指投资新办从事电力运营的企业。新办水利企业是指投资新办从事江河湖泊综合治理、防洪除涝、灌溉、供水、水资源保护、水力发电、水土保持、河道疏浚、河海堤防建设等开发水利、防治水害的企业。新办邮政企业是指投资新办从事邮政运营的企业。新办广播电视企业是指投资新办从事广播电视运营的企业。

4. 对为保护生态环境,退耕还林(生态林应在80%以上)、还草产出的农业特产收入,自取得收入年份起10年内免征农业特产税。

5. 对西部地区公路国道、省道建设用地,比照铁路、民航建设用地免征耕地占用税。享受免征耕地占用税的建设用地具体范围限于公路线路、公路线路两侧边沟所占用的耕地,公路沿线的堆货场、养路道班、检查站、工程队、洗车场等所占用的耕地不在免税之列。

西部地区公路国道、省道以外其他公路建设用地是否免征耕地占用税,由省、自治区和直辖市人民政府决定。

上述免税用地,凡改变用途,不再属于免税范围的,应当自改变用途之日起补缴耕地占用税。

6. 对西部地区内资鼓励类产业、外商投资鼓励类产业及优势产业的项目在投资总额内进口的自用设备,除《国内投资项目不予免税的进口商品目录(2000年修订)》和《外商投资项目不予免税的进口商品目录》所列商品外,免征关税和进口环节增值税。外资优势产业按国家经济贸易委员会、国家发展计划委员会和对外经济贸易合作部联合发布的《中西部地区外商投资优势产业目录》(第18号令)执行。

上述免税政策按照《国务院关于调整进口设备税收政策的通知》(国发〔1997〕37号)的有关规定执行。

三、具体执行办法由国家税务总局、海关总署另行规定。

四、本通知自2001年1月1日起执行。

财政部 国家税务总局关于企业以免费旅游方式提供对营销人员个人奖励有关个人所得税政策的通知

财税〔2004〕11号

各省、自治区、直辖市和计划单列市财政厅(局)、地方税务局,新疆生产建设兵团财务局:

近来,部分地区财税部门来函反映,一些企业和单位通过组织免费培训班、研讨会、工作考察等形式奖励营销业绩突出人员的现象比较普遍,要求国家对此类奖励如何征收个人所得税政策问题予以进一步明确。经研究,现就企业和单位以免费培训班、研讨会、工作考察等形式提供个人营销业绩奖励有关个人所得税政策明确如下:

按照我国现行个人所得税法律法规有关规定,对商品营销活动中,企业和单位对营销业绩突出人员以培训班、研讨会、工作考察等名义组织旅游活动,通过免收差旅费、旅游费对个人实行的营销业绩奖励(包括实物、有价证券等),应根据所发生费用全额计入营销人员应税所得,依法征收个人所得税,并由提供上述费用的企业和单位代扣代缴。其中,对企业雇员享受的此类奖励,应与当期的工资薪金合并,按照"工资、薪金所得"项目征收个人所得税;对其他人员享受的此类奖励,应作为当期的劳务收入,按照"劳务报酬所得"项目征收个人所得税。

上述规定自发文之日起执行。

关于印发《民航机场管理建设费征收管理实施细则(修订)》的通知
民航发〔2006〕92号

民航各地区管理局、民航总局清算中心、民航总局空管局、各运输航空公司、各机场公司、中国民航信息集团公司:

为进一步规范民航机场建设费征收管理,总局对2004年印发的《民航机场管理建设费征收管理实施细则》进行修订,现予印发,请遵照执行。

中国民用航空总局
二〇〇六年五月三十日

民航机场管理建设费征收管理实施细则(修订)

第一章 总则

第一条 根据《财政部民航总局关于改革民航机场管理建设费征收管理方式等有关问题的通知》(财综〔2004〕51号)(以下简称《通知》)精神,并结合民航机场管理建设费(以下简称"机场费")征收工作开展一年半的实际情况及有关的问题,特对2004年所发《民航机场管理建设费征收管理实施细则》进行修订。

第二章 征收标准

第二条 航空公司销售部门和销售代理企业应主动提示旅客购买机票时

应一并缴纳机场费,旅客若有质疑,应将财政部、民航总局《通知》精神告知旅客。

第三条 旅客购买国内航线联程、地区航线(香港、澳门)与内地航线联程、国际国内航线联程航班不定期客票(OPEN)时,国内机场费统一按 50 元/人缴纳,国际航线旅客、地区航线旅客按 90 元/人缴纳。

第四条 航空公司填开国内、地区(香港、澳门)、国际航线免费机票时,免票持有人需缴纳机场费。

第五条 《通知》规定免缴机场费的儿童包括"婴儿"和"儿童"。"婴儿"是指年龄不满两周岁的人。"儿童"是指年龄满两周岁但不满十二周岁的人。

第六条 《通知》二、(一)所指商业专、包机,是指根据乘机人要求提供的、用于商业目的的包机飞行。公务机飞行除外。

第七条 国内航线运输中,出现支线机型(《通知》二、(一)3 规定的机型)与非支线机型之间的变更,机场将按照实际执行航班飞行的机型统计,民航总局按照统计信息征收机场费。

第八条 旅客要求退票,其缴纳的机场费应一并退还,并在退款单中单列反映,不收取退票手续费。

第三章 数据传输

第九条 航空公司及其销售代理人为《通知》中规定的免缴机场费的持外交护照的旅客填开客票时,应在客票"付款方式"(FORM OF PAYMENT)栏或在"签注"栏(RESTRICTIONS/EN. DORSEMENTS)注明"DIP"代号。

第十条 航空公司及其地面服务代理(包括机场)办理旅客登记手续时,应注意核对免缴机场费旅客的客票,并在《飞机载重表和载重电报》中注明相关信息。

第十一条 民航总局清算中心(以下简称"清算中心")负责数据汇总、整理和机场费计算、开账及催缴工作。

第十二条 机场应指定专门机构负责统计、整理和报送航空公司航班旅客载运量信息。为提高申报数据的准确性、完整性和及时性,建议机场使用清算中心的 ACFS 单机版作为数据申报系统。机场可以进入清算中心网站(www.

caacsc.cn)参照用户手册自行下载安装 ACFS 单机版,也可由清算中心协助安装与调试。

第十三条 机场应及时了解和掌握每日出港航班(含正班、加班和包机等)的飞行计划。各空管部门、航空公司飞行签派和生产调度部门均应给予积极支持和配合。

第十四条 机场统计报送航班旅客载运量信息应以《飞机载重表和载重电报》(LOAD SHEET AND LOAD MESSAGE)为数据源;对于从离港系统中提取数据的机场,必须与《飞机载重表和载重电报》进行核对形成申报数据。航空公司或其地面服务代理必须积极配合机场,负责收集、整理、及时提供其所需的《飞机载重表和载重电报》,注明旅客人数、儿童、过站旅客和外交护照等信息,涉及信息发生变化时,应及时提供给机场。机场应保留《飞机载重表和载重电报》六个月备查。

第十五条 国内、国际和地区(港、澳)航线非直达航班(包括国际航线国内段)的旅客载运量信息,由航班始发和经停地机场分别负责统计。

第十六条 机场应在每月前 5 个工作日内,按规定格式和内容(附表一),将本机场始发的各航空公司航班旅客载运量信息报送清算中心。

第十七条 航班旅客载运量信息原则上以始发地机场为单位上报。各省(自治区、直辖市)机场集团公司如需汇总上报的,应确保按规定时间报送,并应分别列示所辖各机场各航空公司航班旅客载运量信息。

第十八条 国内航空公司如发生飞机注册号变更情况的,应在每月 5 号前,将前一运输月完整的飞机注册号以电子表格的形式发送给清算中心;如有临时调整飞机注册号的情况,应以书面形式立即通知清算中心。清算中心在确认航空公司飞机注册号变更时,应及时变更 ACFS 程序基础资料信息,并通知机场变更。清算中心在更新完 ACFS 程序和信息后应及时通知各机场,并定期将更新后的数据在其网站(www.caacsc.cn)上公布。

第四章 开账与结算

第十九条 清算中心应在收到机场提供的航班旅客载运量统计信息后的 10 个工作日内完成数据处理工作。

第二十条　清算中心在每月20号关户,并向独立核算、具有法人资格的航空公司开出账单和收据。

第二十一条　清算中心的账单以快递方式送达,明细清单以电子邮件方式发送至航空公司指定的邮箱。各航空公司在7个工作日内未提出异议,即视为账单及明细清单送达。

第二十二条　向航空公司填开的账单及调整账单等,由清算中心负责印制,加盖单位公章或机场费业务专用章方为有效。

第二十三条　航空公司收到结算账单后,应认真核对相关信息和金额,并按照先行缴付的原则于收到账单后7个工作日内,将代收的机场费上缴指定专户。

第二十四条　航空公司上缴机场费时应在汇款单上注明结算账单编号和"机场费"字样,对于以非运营航空公司名义代缴机场费的单位和个人,应在汇款单上加注款项发生航空公司的名称或二字代码。

第二十五条　对于临时来华航班,已发生代收款的机场,应及时与清算中心取得联系,并将款项划拨至机场费专用账户,清算中心将开具"行政事业性收据"给代收方。以后机场若有不定期航班的临时来华航空公司,应记下该航空公司的联系地址、联系电话及联系人,并及时与清算中心取得联系,由清算中心根据历史开账记录决定是否由机场代收机场费。

第五章　争议处理

第二十六条　航空公司对结算账单金额等有异议,可于付款后三个月内与清算中心进行核对,并在每月前5个工作日内将调整数据按规定的电子表格形式传输给清算中心(附表二),同时将调整依据以邮件形式寄至清算中心。清算中心收到航空公司意见后15日内完成核实,经确认存在误收的,将在下期账单中调整,并单独列示。遇有清算争议时,以《飞机载重表和载重电报》和空管部门的航班飞行计划为准。

第二十七条　根据整班人数调整和非整班人数调整的特征,整班调整航空公司应取得机场书面确认,清算中心根据书面确认及空管数据进行调整;非整班调整由清算中心直接处理,但航空公司应尽量提供详细的复印件证明,对于国航、东航和南航可以由其审核系统出具错误报告作为调整依据,同时民航总局保留定期抽查其系统数据的权利。

第二十八条 根据工作需要,民航总局或地区管理局可对航空公司订座、离港系统中的相关信息和账单调整的证明材料以及机场的统计信息资料等进行检查,航空公司和机场应予积极配合。

第六章 违规处罚及考评

第二十九条 机场应提高上报数据的质量,确保所报信息的完整性、准确性与及时性。若因机场上报的航班号、航班日期、航段等数据信息不准确导致航空公司调整,机场应负全责;若因机场原因造成机场费少计、漏收等,民航总局将提请财政部在返还其机场费时作全额扣除。

第三十条 航空公司不及时汇缴机场费,自账单规定付款日次日起按日加收万分之五滞纳金,直至补缴之日止(以银行进账日期为准)。滞纳金随下期账单一并开出,分别列示。

第三十一条 对拖欠情节严重的航空公司,在计算滞纳金的同时,民航总局将按有关规定,在航线航班安排及飞机引进等方面给予相应处罚。

第三十二条 在数据统计报送、数据汇总整理、开账结算及争议处理过程中,由于人为原因造成严重失实以及由于未能按照清算程序操作,造成经济损失和带来不良影响的,民航总局将视情节轻重,给予包括清算中心和有关责任单位以通报批评、追究相关领导和人员责任,及实施相应处罚。

第三十三条 民航总局将按照《关于印发〈民航政府性基金征缴考核办法〉的通知》(民航规发〔2006〕15号)的规定,对各航空公司每月机场费的缴纳情况进行考评,考评表随当月《政府性基金征缴月报》一并发出,年终时汇总当年各航空公司缴纳机场费情况,得出各航空公司年度考核平均值。

第七章 附则

第三十四条 本修订细则自发布之日起执行。2004年印发的《民航机场管理建设费征收管理实施细则》同时废止。

第三十五条 本细则由民航总局负责解释。

财政部、国家税务总局关于将西部地区旅游景点和景区经营纳入西部大开发税收优惠政策范围的通知

各省、自治区、直辖市、计划单列市财政厅（局）、国家税务局、地方税务局，新疆生产建设兵团财务局：

按照国务院把西部地区旅游景点和景区经营纳入西部大开发税收优惠政策范围的指示精神，现将西部地区旅游景点和景区经营的税收政策问题通知如下：

一、设在西部地区的企业在西部大开发地区的旅游景点和景区从事下列经营活动取得的收入达到全部经营收入70%以上的，按照《财政部 国家税务总局 海关总署关于西部大开发税收优惠政策问题的通知》（财税〔2001〕202号）第二条第1款的规定享受税收优惠政策：

1. 销售门票（包括景点和景区的大小门票、通票、月票、年票和门禁以内文艺、体育及其他综合艺术表演活动场所的门票）的经营活动；

2. 在景点和景区门禁以内区域提供导游服务的经营活动；

3. 在景点和景区门禁以内区域提供游客运输服务（包括利用各种车辆、游船、索道、滑道及其他交通工具向游客提供的服务）的经营活动。

二、本通知所称旅游景点和景区，是指经县级以上（含县级）人民政府旅游主管部门认定的景点和景区。

本通知从2007年1月1日起执行。

二〇〇七年五月二十二日

国家税务总局关于出境口岸免税店有关增值税政策问题的通知
国税函〔2008〕81号

注释：条款失效。第一条修订，参见：《国家税务总局关于发布已失效或废止有关增值税规范性文件清单的通知》，国税发〔2009〕7号。

各省、自治区、直辖市和计划单列市国家税务局：

现就纳税人在机场、港口、车站、陆路边境等出境口岸海关隔离区（以下简称海关隔离区）设立免税店销售免税品，以及在城市区域内设立市内免税店销

售免税品但购买者必须在海关隔离区提取后直接出境征收增值税问题明确如下：

一、《中华人民共和国增值税暂行条例实施细则》第七条规定"所销售的货物的起运地或所在地在境内"，"境内"是指在中华人民共和国关境以内。（此条款"《中华人民共和国增值税暂行条例实施细则》第七条规定"所销售的货物的起运地或所在地在境内"，"境内"是指在中华人民共和国关境以内"已失效或废止）

海关隔离区是海关和边防检查划定的专供出国人员出境的特殊区域，在此区域内设立免税店销售免税品和市内免税店销售但在海关隔离区内提取免税品，由海关实施特殊的进出口监管，在税收管理上属于国境以内关境以外。因此，对于海关隔离区内免税店销售免税品以及市内免税店销售但在海关隔离区内提取免税品的行为，不征收增值税。对于免税店销售其他不属于免税品的货物，应照章征收增值税。

前款所称免税品具体是指免征关税、进口环节税的进口商品和实行退（免）税（增值税、消费税）进入免税店销售的国产商品。

二、纳税人兼营应征收增值税货物或劳务和免税品的，应分别核算应征收增值税货物或劳务和免税品的销售额。未分别核算或者不能准确核算销售额的，其免税品与应征收增值税货物或劳务一并征收增值税。

三、纳税人销售免税品一律开具出口发票，不得使用防伪税控专用器具开具增值税专用发票或普通发票。

四、纳税人经营范围仅限于免税品销售业务的，一律不得使用增值税防伪税控专用器具。已发售的防伪税控专用器具及增值税专用发票、普通发票一律收缴。收缴的发票按现行有关发票作废规定处理。

五、纳税人在关境以内销售免税品，仍按照《国家税务总局关于进口免税品销售业务征收增值税问题的通知》（国税发〔1994〕62号）及有关规定执行。

六、免税店销售已退税国产商品，仍按照《海关总署、国家税务总局关于对中国免税品（集团）总公司经营的国产商品监管和退税有关事宜的通知》（署监发〔2004〕403号）等规定执行。

七、税务机关应与海关加强沟通,定期将纳税人申报免税品经营情况与海关监管免税品经营情况进行比对,发现比对不一致的,应及时查明原因,按有关规定处理。

本通知自发文之日起执行。各地在执行中发现问题,应及时上报国家税务总局(流转税管理司)。

国家税务总局
二〇〇八年一月二十四日

抄送:各省、自治区、直辖市和计划单列市地方税务局。

关于机场管理建设费和旅游发展基金政策等有关问题的通知
财综〔2010〕123号

中国民用航空局、国家旅游局:

为进一步做好机场管理建设费和旅游发展基金征收使用管理工作,经国务院批准,现就有关问题通知如下:

一、2011年1月1日至2015年12月31日,继续征收机场管理建设费和旅游发展基金。

二、为支持支线航空发展,旅客于2011年1月1日及以后购买支线飞机执飞的支线航班机票,免缴机场管理建设费,其他机场管理建设费征收标准保持不变。支线飞机以中国民用航空局、财政部公布的机型为准。

三、继续保留首都机场、白云机场、美兰机场三家上市机场以机场管理建设费安排补贴作为企业收入的政策,每年补贴额不低于各机场当年机场管理建设费收入的40%。

四、财政部将会同有关部门研究制定机场管理建设费与民航基础设施建设基金合并为民航发展基金的征收使用管理办法;研究修订旅游发展基金征收使用管理办法,并尽快发布实施。

财政部
二〇一〇年十二月三十日

关于在海南开展境外旅客购物离境退税政策试点的公告

（中华人民共和国财政部公告2010年第88号）

为推进海南国际旅游岛建设，国务院决定在海南省开展境外旅客购物离境退税政策（以下简称离境退税政策）试点。离境退税政策是指对境外旅客在退税定点商店购买的随身携运出境的退税物品，按规定退税的政策。财政部经商商务部、海关总署和国家税务总局，现就试点工作的有关事项公告如下：

一、离境退税政策的基本流程和适用条件

（一）离境退税政策的基本流程。离境退税政策的基本流程包括购物申请退税、海关验核确认、代理机构退税和集中退税结算四个环节。

（二）离境退税政策的适用条件。境外旅客要取得退税，应当同时符合以下条件：

1. 在退税定点商店购买退税物品，购物金额达到起退点，并且按规定取得境外旅客购物离境退税申请单等退税凭证；

2. 在离境口岸办理离境手续，离境前退税物品尚未启用或消费；

3. 离境日距退税物品购买日不超过90天；

4. 所购退税物品由境外旅客本人随身携运出境；

5. 所购退税物品经海关验核并在境外旅客购物离境退税申请单上签章；

6. 在指定的退税代理机构办理退税。

二、境外旅客、离境口岸、退税定点商店和退税物品

（一）境外旅客。境外旅客是指在我国境内连续居住不超过183天的外国人和港澳台同胞。

（二）离境口岸。离境口岸暂为试点地区正式对外开放的空港口岸。

（三）退税定点商店。退税定点商店是指经相关部门认定的，按规定向境外旅客销售退税物品的商店。

（四）退税物品。退税物品是指国家允许携带出境并享受退税政策的个人生活物品，但食品、饮料、水果、烟、酒、汽车、摩托车等不包括在内。退税物品目录详见附件。

三、退税税种、退税率、应退税额计算和起退点

（一）退税税种、退税率和应退税额计算。离境退税税种为增值税，退税率

统一为11%。应退税额计算公式：

应退税额 = 普通销售发票金额(含增值税) × 退税率

(二)起退点。起退点是指同一境外旅客同一日在同一退税定点商店购买退税物品可以享受退税的最低购物金额。起退点暂定为800元人民币。

四、退税代理机构、退税方式和币种选择

(一)退税代理机构。退税代理机构是指经相关部门认定的,按规定为境外旅客办理退税的机构。

(二)退税方式和币种选择。境外旅客在办理退税时可按本公告规定自行选择退税方式和币种。退税方式包括现金退税和银行转账退税两种方式。退税币种包括人民币或自由流通的主要外币。

离境退税政策试点管理办法由国家税务总局会同财政部、商务部、海关总署商海南省人民政府另行公布。

本公告自2011年1月1日起执行。

特此公告。

附件:退税物品目录

财政部
二○一○年十二月二十一日

附件:

退税物品目录

序号	物品类别	范围
1	纺织原材料及其制成品	纺织原材料:包括棉、麻、毛、真丝、人造丝及其他材料制线、丝、纱、绳,棉、麻、毛、真丝、人造纤维、合成纤维纺织品和针织品等
		布:包括棉、麻、毛、真丝、人造丝及其他材料制的布
		衣着:包括外衣裤、内衣裤、衬衫、T恤衫等
		床上用品:包括毛毯、被子、床罩等
		其他:包括棉、麻、毛、真丝制品,头巾、围巾、领带、帽子、手套、袜子、手帕、毛巾、浴巾、桌布、窗帘布等

续表

序号	物品类别	范围
2	皮革、皮毛及其制成品	皮革:包括皮革、皮毛
		衣着:包括皮革、皮毛制成的衣着
		其他:包括皮革、皮毛制成的围巾、帽子、手套、皮带、皮钱包、皮手袋、皮箱等
3	鞋靴	皮鞋:包括各种皮革、皮毛制成的鞋
		皮靴:包括各种皮革、皮毛制成的靴
		运动鞋:包括日常生活中所穿着的各种材料制的具有运动休闲功能的鞋、靴
		其他:包括鞋面、底、跟、鞋带、鞋油、鞋粉、橡胶及塑胶展皮等
4	表、钟及其配件、附件	各种手表,金表除外
		钟:包括闹钟、座钟、挂钟、台钟、落地钟等
		配件附件:包括各种表、钟的配件、附件,金制表壳、表带除外
5	首饰	金、铂金类免税饰品以外的其他珍珠、水晶、贝类等饰品
6	化妆品	香水:包括男士香水、古龙水、女士香水、中性香水、情侣香水、运动香水、简装香水、Q版香水、香水套装等
		清洁类:包括洗面奶、卸妆水(乳)、清洁霜(蜜)、面膜、面膜粉、面膜膏、花露水、痱子粉、爽身粉、剃须膏、洗甲液、唇部卸妆液等
		护理类:包括护肤膏(霜、乳液)、化妆水、发乳、发油、发蜡、焗油膏、护甲水(霜)、指甲硬化剂、润唇膏等
		美容/修饰类:包括粉饼、胭脂、眼影、眼线笔(液)、眉笔、定型摩丝、发胶、染发剂、烫发剂、睫毛液(膏)、生发剂、脱毛剂、指甲油、唇膏、唇彩、唇线笔等

续表

序号	物品类别	范围
7	医疗、保健及美容器材	医疗器材:包括呼吸器具、矫形器具、夹板及其他骨折用具,血糖计、血糖试纸、电动洗眼机、红外线耳探热针、空气制氧机、治疗用雾化机、电动血压计、病人用拐杖、病人用轮椅等及上述物品的配件、附件
		保健器材:包括按摩床、按摩椅等及上述物品的配件、附件
		美容器材:包括蒸汽仪、喷雾器、化妆/美容专用工具等及上述物品的配件、附件
8	厨卫用具	厨房用具:包括各种材料制的餐具、刀具、炊具、灶具,锅、壶、盘、碗、筷子、勺、铲、餐刀、餐叉、切菜刀、案板、削皮刀、手动绞肉机、食品研磨机、搅拌器、煤气灶、煤气点火器等
		卫生用具、洁具:包括水龙头、淋浴用具等
		厨房用具:包括微波炉、电磁炉、抽油烟机、家用洗碗机、电烤箱、电炉灶等电器类用具
		卫生用具、洁具:包括电热水器等电器类用具
9	家具	包括各种材料制的沙发、组合式家具、柜、橱、台、桌、椅、书架、床、床垫、坐垫等
10	空调及其配件、附件	包括空气调节器及配件、附件等
11	电冰箱及其配件、附件	压缩式:包括单门式、双门式、三门式、多门式、双门对开式电冰箱等
		其他:包括其他制冷方式如半导体制冷式电冰箱,各种冰柜等
		配件附件:上述物品的配件、附件
12	洗衣设备及其配件、附件	包括波轮式洗衣机、滚筒式洗衣机、干衣机/烘干机、洗衣干衣一体机等及上述物品的配件、附件
13	电视机及其配件、附件	包括液晶电视机、等离子电视机、显像管(CRT)电视机、电视收音联合机、电视收音录音联合机、电视录像联合机等及上述物品的配件、附件

续表

序号	物品类别	范围
14	摄影(像)设备及其配件、附件	包括照相机、数码照相机、摄像机、数码摄像机、照相制版机、照相机镜头、放大机、存储卡、胶卷、胶片、感光纸、镜箱、闪光灯、滤色镜、测光表、曝光表、遮光罩、水下摄影罩、半身镜、接镜环、取景器、自拍器、洗相盒、显影罐等
15	影音家电及其配件、附件	包括录音笔、录音机、收音机、MP3播放机、MP4播放机、收录音机、数码录放音器、电唱机、激光电唱机、放像机、激光视盘机、(单)功能座、音箱、自动伴唱机、卡拉OK混音器等及上述物品的配件、附件
16	计算机及其外围设备	包括个人计算机及其存储、输入、输出设备和附件、零部件
17	文具用品	包括各种书写用具及材料、照相簿、集邮簿、印刷日历、月历、放大镜、绘图用具、绘图用颜料、装订用具、手摇/电动削铅笔器、算盘、誊写钢板等。
18	乐器	包括各类键盘弦乐器、风琴、手风琴、管乐器、打击乐器、节拍器、音叉和各种定音器等及上述乐器的配件、附件
19	体育用品	高尔夫球及球具:包括高尔夫球杆、高尔夫球、高尔夫球包、高尔夫球手套、高尔夫球鞋
		包括高尔夫球外各种球类,各种棋类、健身器具,一般体育活动、体操、竞技、游泳、滑冰、滑雪及其他户内外活动用具、鞋及其配件、附件,如航空、航海模型等
20	自行车、三轮车及其配件、附件	包括不带发动机、电动机的自行车、三轮车、童车,及上述物品的配件、附件
21	其他物品	包括电话机、传真机、游戏机、缝纫机、编织机、剪草机、润滑油、油漆、室内装修用品、酒精,非皮质手提包、箱,香皂、牙膏、牙粉、牙线、漱口水、洗/护发液、浴液、洗手液,各类玩具、钓鱼用具、手动工具、便携式小型望远镜、眼镜、毛衣编织机,上述物品的配件、附件,工艺品等
		包括便携式复印机、灯具、咖啡机、电动榨汁机、电风扇、电熨斗、电吹风机、电动剃须刀、电动毛发推剪器、地板打蜡机、增湿机、除湿机、增除湿一体机、电暖器、空气清新机、家用吸尘器、电压整流器、电插头、开关、电动工具、家用地毯洗涤机等居家室内常用电器用具,上述物品的配件、附件

国家税务总局
关于发布《境外旅客购物离境退税海南试点管理办法》的公告
国家税务总局公告 2010 年第 28 号

为推进海南国际旅游岛建设和发展,确保在海南省顺利试行境外旅客购物离境退税政策,国家税务总局经商财政部、商务部、海关总署,制定了《境外旅客购物离境退税海南试点管理办法》,现予以公布,自 2011 年 1 月 1 日开始施行。特此公告。

附件:
1. 境外旅客购物离境退税申请单
2. 境外旅客购物离境退税定点商店认定申请表
3. 境外旅客购物离境退税代理机构认定申请表
4. 境外旅客购物离境退税结算申报表
5. 境外旅客购物离境退税收款回执单

国家税务总局
二〇一〇年十二月二十四日

附件1

境外旅客购物离境退税申请单
REFUND APPLICATION FORM FOR OVERSEAS VISITORS

商店名称(章):　　　　　　　开单日期:　年　月　日
Name of Retailer (Stamp)　　　Date　Y.　M.　D.　NO._____

姓名 Full Name of Applicant		证件类型 Passport Type		证件号码 Passport Number	
证件签发国/地区 Passport Issued by (Country/Region)			入境时间 Date of Entry into China		

续表

商品明细 Items for Refund									
序号 Number	商品名称 Name of Goods	数量 Quantity	计量单位 Unit	单价 Unit Price	金额 Amount Paid	退税率 Refund Rate	税额 Amount To be Refunded	旅客申报退税数量 Declared Quantity	备注 Remarks
1									
2									
3									
4									
5									
6									
7									
8									
9									
10									
合计 Total									

旅客退税申请 Tourist Application	1. 退税方式:现金□ 转账□ 开户行： 银行账号： Refund Mode: Cash Bank Transfer Bank Name _____ Account No. _____ 2. 退税币种:人民币 美元 欧元 日元 Preferred Currency RMB□ USD□ EUR□ JPY□ 3. 电话：　　　　　　　旅客签名： Tel. _____　　　　　Applicant's Signature 　　　　　　　　　　　日期： 年 月 日 　　　　　　　　　　　Date Y. M. D.
海关验放情况 Customs Approval	经办人：　　　　　　　　签章： Official　　　　　　　　　Stamp 　　　　　　　　　　　　旅客签名： 　　　　　　　　　　　　Applicant's Signature 　　　　　　　　　　　　日期： 年 月 日 　　　　　　　　　　　　Date Y. M. D.

附件2

境外旅客购物离境退税定点商店认定申请表

申请时间：　　年　　月　　日

纳税人名称		纳税人识别号	
经营地址	登记注册类型	营业面积	
是否具备境外旅客购物离境退税管理信息系统运行的条件			
是否使用增值税专用发票防伪税控机或者普通发票"网上开票系统"			
申请资格认定前两年内是否发生偷税、逃避追缴欠税、骗取出口退税、抗税等涉税违法行为以及欠税行为情况			
经营管理服务是否符合《百货店等级划分及评定》（国家标准）中达标百货店的要求			
是否具备涉外服务接待能力			
经营商品品种是否齐全			

重要声明：我公司保证本申请所载材料不存在任何虚假记载、误导性陈述或者重大遗漏，并对内容的真实性、准确性和完整性承担法律责任。

　　　　法人代表：　　　　　　　　　　（公司章）

税务部门意见	商务部门意见
初核人：	初核人：
复核人：	复核人：
负责人：	负责人：
（章）　　年　月　日	（章）　　年　月　日

附件 3

境外旅客购物离境退税代理机构认定申请表

申请时间： 年 月 日

企业基本情况	申请企业名称	
	纳税人识别号	
	经营地址	
	是否具备境外旅客购物离境退税管理信息系统运行的条件	
	是否具有个人本外币兑换特许经营资格	
	申请资格认定前两年内是否发生偷税、逃避追缴欠税、骗取出口退税、抗税等涉税违法行为以及欠税行为	

重要声明：我公司保证本申请所载材料不存在任何虚假记载、误导性陈述或者重大遗漏，并对内容的真实性、准确性和完整性承担法律责任。

　　　　法人代表：　　　　　　　　　　（公司章）

国税部门认定意见	财政部门认定意见
初核人：	初核人：
复核人：	复核人：
负责人：	负责人：
（章） 年　月　日	（章） 年　月　日

附件4

境外旅客购物离境退税结算申报表
（适用于退税代理机构）

申请日期：　　年　　月　　日

纳税人识别号：

退税代理机构名称：　　　　　　金额单位:元至角分

序号	退税申请单号码	开单日期	商品金额	退税率	应退税额
合计					

申报人声明:此表各栏填报内容是真实的、合法的，与实际情况相符。否则本企业愿意承担由此产生的相关责任。 企业填表人： 财务负责人： 企业负责人： 　　　　　　　　　年　　月　　日	主管退税机关		
	受理人：	审核人：	审批人：
	受理日期：	审核日期：	审批日期：

附件 5

境外旅客购物离境退税收款回执单
Refund Receipt

日期： 年 月 日
Date　 y.　 m.　 d.

退税代理机构： Tax Refund Agent
电话： Tel.
境外旅客(姓名)： Applicant's Name
退税申请单号： Refund Application Form No.
退税金额(RMB)： Amount of Refund
退税方式:现金 Cash□　　转账 Bank Transfer□ Refund Mode
退税币种： Preferred Currency
汇率： Exchange Rate
折合外币： Amount in Preferred Currency
境外旅客签字： Applicant's Signature

附录　旅游税收相关政策文件汇编

境外旅客购物离境退税海南试点管理办法

第一章 总则

第一条 为推进海南国际旅游岛建设,确保在海南省顺利试行境外旅客购物离境退税政策,根据《财政部关于在海南开展境外旅客购物离境退税政策试点的公告》(财政部公告 2010 年第 88 号)等相关规定,制定本办法。

第二条 境外旅客在退税定点商店购物后,按规定应取得的退税凭证包括境外旅客购物离境退税申请单(见附件 1)和销售发票。

第三条 境外旅客在办理退税时,可选择的退税币种包括人民币、美元、欧元和日元。

第二章 退税定点商店的认定、变更与终止

第四条 退税定点商店应当同时符合以下条件:

(一)中国境内注册的,具有独立法人资格的增值税一般纳税人;

(二)具备境外旅客购物离境退税管理信息系统运行的条件,能够及时、准确地报送相关信息;

(三)安装并使用增值税专用发票防伪税控机或者使用普通发票"网上开票系统";

(四)营业面积超过 2000 平方米;

(五)遵守税收法律法规规定,申请资格认定前两年内未发生偷税、逃避追缴欠税、骗取出口退税、抗税等涉税违法行为以及欠税行为;

(六)商店经营管理服务规范,符合《百货店等级划分及评定》(国家标准)中达标百货店的要求;

(七)具备涉外服务接待能力,能用外语提供服务,商品标签及公共设施同时标注中英文;

(八)经营商品品种丰富,基本包含财政部公告 2010 年第 88 号附件《退税物品目录》中所列商品。

第五条 符合本办法第四条规定条件的企业,可以向海南省国家税务局提出退税定点商店认定申请,并提交以下资料:

(一)境外旅客购物离境退税定点商店认定申请表(详见附件 2);

（二）营业面积证明材料。

第六条 海南省国家税务局对企业提出的退税定点商店认定申请,会同海南省商务厅按照本办法规定的条件进行认定。

第七条 退税定点商店认定资料所载内容发生变化的,应自有关管理机关批准变更之日起30日内,持相关证件及资料向海南省国家税务局申请办理变更手续。海南省国家税务局为其办理变更手续后,将有关情况通报海南省商务厅。

第八条 退税定点商店发生解散、破产、撤销以及其他情形,应在向工商行政管理机关或者其他机关办理注销登记前,持相关证件及资料向主管税务机关申请办理税务登记注销手续,由海南省国家税务局取消其退税定点商店资格,并将有关情况通报海南省商务厅。

第九条 退税定点商店应当在其经营场所显著位置用中英文同时做出标识,便于境外旅客识别。退税定点商店中英文标识由海南省国家税务局会同海南省商务厅制定。

第三章 退税代理机构的认定、变更与终止

第十条 退税代理机构应当同时符合以下条件：

（一）具备独立法人资格,财务制度健全；

（二）已在国税部门办理税务登记；

（三）具备个人本外币兑换特许业务经营资格；

（四）具备办理退税业务的场所和相关设施；

（五）具备境外旅客购物离境退税管理信息系统运行的条件,能够及时、准确地报送相关信息；

（六）遵守税收法律法规规定,申请资格认定前两年内未发生偷税、逃避追缴欠税、骗取出口退税、抗税等涉税违法行为以及欠税行为。

第十一条 符合本办法第十条规定条件的企业,可以向海南省国家税务局提出退税代理机构资格认定申请,并提交以下资料：

（一）境外旅客购物离境退税代理机构认定申请表(详见附件3)；

（二）出口退(免)税认定表；

(三)本外币特许经营证书原件、复印件。

第十二条 海南省国家税务局对企业提出的退税代理机构认定申请,会同海南省财政厅按照本办法规定的条件进行认定。

第十三条 退税代理机构认定后,其认定资料所载内容发生变化的,应自有关管理机关批准变更之日起30日内,持相关证件及资料向海南省国家税务局申请办理变更手续。海南省国家税务局为其办理变更手续后,将有关情况通报海南省财政厅。

第十四条 退税代理机构认定后,发生解散、破产、撤销以及其他情形,应在向工商行政管理机关或者其他机关办理注销登记前,持有关证件及资料向主管税务机关申请办理税务登记注销手续,由海南省国家税务局取消其退税代理机构资格,并将有关情况通报海南省财政厅。

第十五条 退税代理机构在离境机场隔离区内设置专用场所,应当征求海关意见,在显著位置用中英文做出标识。

第四章 退税物品的销售管理

第十六条 境外旅客在退税定点商店购买退税物品,需要索取境外旅客购物离境退税申请单的,应当出示护照等有效身份证件。退税定点商店将境外旅客出示的护照等有效身份证件与境外旅客本人核对后,将境外旅客身份信息录入境外旅客购物离境退税管理信息系统进行校验。通过后按规定开具境外旅客购物离境退税申请单,加盖印章,交给境外旅客。

第十七条 具有以下情形之一的,退税定点商店不得开具境外旅客购物离境退税申请单:

(一)境外旅客不能出示本人护照等有效身份证件;

(二)销售给境外旅客的商品不属于退税物品范围;

(三)同一境外旅客同一日在同一退税定点商店内购买退税物品的金额未达到起退点。

第十八条 境外旅客购物离境退税申请单由海南省国家税务局统一印制。

第十九条 退税定点商店应当建立境外旅客购物离境退税申请单使用登记制度,设置境外旅客购物离境退税申请单登记簿,并定期向海南省国家税务局报告境外旅客购物离境退税申请单使用情况。

第二十条 退税定点商店应当单独设置退税物品销售明细账,并准确核算。

第五章 退税业务的办理

第二十一条 境外旅客离境时,应当主动向海关申报,并办理有关手续。

第二十二条 境外旅客凭以下资料向设在离境机场隔离区内的退税代理机构申请办理退税:

(一)护照等本人有效身份证件;

(二)经海关验核签章的境外旅客购物离境退税申请单;

(三)退税物品销售发票;

(四)离境航班登机牌。

第二十三条 退税代理机构为境外旅客办理购物离境退税时,应当核对以下内容:

(一)申请购物离境退税的境外旅客与境外旅客购物离境退税管理信息系统中记录的境外旅客身份信息是否相符;

(二)境外旅客购物离境退税申请单是否经海关验核签章;

(三)退税物品购买日距离境日是否超过90天;

(四)境外旅客在我国境内连续居住是否超过183天。

第二十四条 退税代理机构对上述信息核对无误后,根据境外旅客自行选择的退税方式和币种,按照规定为境外旅客办理退税。

第二十五条 境外旅客购物离境退税资金由退税代理机构先行向境外旅客垫付。

第二十六条 退税代理机构应当于每月15日前向海南省国家税务局申请办理退税结算,并附送以下资料:

(一)境外旅客购物离境退税结算申报表(见附件4);

(二)经海关验核签章的境外旅客购物离境退税申请单;

(三)退税物品销售发票;

(四)经境外旅客签字确认的境外旅客购物离境退税收款回执单(见附件

5)。

第二十七条　海南省国家税务局对退税代理机构申报的经海关验核签章的境外旅客购物离境退税申请单等有关资料审核无误后,按照规定向退税代理机构办理退付,并将退付情况通报海南省财政厅。

第六章　信息传递与交换

第二十八条　海南省国家税务局对境外旅客购物离境退税业务实行计算机化管理,使用境外旅客购物离境退税管理信息系统审核、审批离境退税相关事宜,并加强与退税定点商店、机场和退税代理机构的信息传递与交换。

第二十九条　退税定点商店通过境外旅客购物离境退税管理信息系统开具境外旅客购物离境退税申请单,并实时向海南省国家税务局报送相关信息。

第三十条　机场根据境外旅客购物离境退税管理的需要,实时验证由海南省国家税务局提请验证的境外旅客的离境航班信息。

第三十一条　退税代理机构通过境外旅客购物离境退税管理信息系统为境外旅客办理离境退税,并实时向海南省国家税务局报送相关信息。

第七章　附则

第三十二条　退税定点商店或退税代理机构违反本办法规定发生税收违法行为的,按照《中华人民共和国税收征收管理法》及其实施细则的有关规定予以处理。

第三十三条　本办法中"有效身份证件"是指外籍旅客护照、港澳居民来往内地通行证、台湾居民来往大陆通行证等。

第三十四条　本办法自2011年1月1日起实施。

分送:各省、自治区、直辖市和计划单列市国家税务局、地方税务局,财政部、商务部、海关总署。

关于对海南国际旅游岛境外旅客购物离境退税监管事宜
(海关总署公告2010年第82号)

为规范海关对境外旅客在海南省购物后办理离境退税业务的监管,现就有关事项公告如下:

一、境外旅客同时具备下列条件的,可以办理有关购物离境退税手续:

(一)在我国境内连续居住不超过183天的外国人和港澳台同胞;

(二)同一日在同一退税定点商店购买退税物品金额达到人民币800元,并且按规定取得《境外旅客购物离境退税申请单》;

(三)离境日距退税物品购买日不超过90天。

二、符合退税条件的境外旅客出境时,应当主动向海关申报,并提交《境外旅客购物离境退税申请单》、本人有效身份证件和退税物品。

三、海关验核无误后,在《境外旅客购物离境退税申请单》上签章,交由境外旅客凭以办理退税手续。境外旅客办理退税手续后,应当立即将退税物品全部携运出境。

四、有下列情形之一的,海关不予办理境外旅客购物离境退税签章手续:

(一)《境外旅客购物离境退税申请单》所列物品与交验物品不相符的;

(二)单证不相符的;

(三)超出自用、合理数量范围的;

(四)不符合本公告第一条规定条件的;

(五)其他不符合离境退税规定的。

五、退税物品经海关验核后至实际离境前,应当接受海关监管。

六、境外旅客所购退税物品属于中华人民共和国禁止出境物品范围内的,不得携运出境;境外旅客所购退税物品依照国家有关规定应当提交出境许可证件(证明)的,应当向海关提交相关证件(证明)。

七、经批准开展离境退税业务的机场内办理离境退税海关监管业务的特定区域属于海关监管场所,有关设置标准应当符合海关监管要求。

八、本公告内容自2011年1月1日起执行。

特此公告。

财政部关于开展海南离岛旅客免税购物政策试点的公告
(中华人民共和国财政部公告2011年第14号)

为加快推进海南国际旅游岛的建设发展,国务院决定在海南省开展离岛旅客免税购物政策(以下简称离岛免税政策)试点。离岛免税政策是指对乘飞机离岛(不包括离境)旅客实行限次、限值、限量和限品种免进口税购物,在实施离岛免税政策的免税商店(以下简称离岛免税店)内付款,在机场隔离区提货离岛的税收优惠政策。财政部经商商务部、海关总署和国家税务总局,现就试点工作的有关事项公告如下:

一、离岛免税政策的适用对象及条件

(一)政策适用对象。离岛免税政策适用对象是年满18周岁、乘飞机离开海南本岛但不离境的国内外旅客,包括海南省居民(以下简称岛内居民)。

(二)享受政策的条件。离岛旅客免税购物必须同时符合以下条件:

1. 已经购买离岛机票和持有效的身份证件,国内旅客持居民身份证(港澳台旅客持有效旅行证件),国外旅客持护照;

2. 在指定的离岛免税店内付款购买免税商品,商品品种和免税购物次数、金额、数量在国家规定的范围内,并按规定取得购物凭证;

3. 在机场隔离区凭身份证件及购物凭证,在指定的提货点提取所购免税商品,并由旅客本人乘机随身携运离岛。

二、离岛免税店、免税商品品种、免税税种

1. 离岛免税店。离岛免税店是具有实施离岛免税政策资格并实行特许经营的免税商店。海口、三亚两地各开设一家离岛免税店进行试点。其中,三亚免税店在原批准设立的离境市内免税店基础上,增加其实施离岛免税政策功能,自本公告执行之日起启动试点。海口免税店待离岛免税店经营主体、选址及相关配套设施确定并经有关部门批准后启动试点。

2. 免税商品品种。免税商品限定为进口品,试点期间,具体商品品种限定为:首饰、工艺品、手表、香水、化妆品、笔、眼镜(含太阳镜)、丝巾、领带、毛织品、棉织品、服装服饰、鞋帽、皮带、箱包、小皮件、糖果、体育用品共18种,国家规定禁止进口、以及20种不予减免税的商品除外。

3. 免税税种。离岛免税政策免税税种为关税、进口环节增值税和消费税

三、免税购物离岛次数、金额、数量

1. 免税购物离岛次数。非岛内居民旅客每人每年最多可以享受2次离岛

免税购物政策,岛内居民旅客每人每年最多可以享受1次。旅客购物后乘机离岛记为1次免税购物。岛内居民旅客身份以居民身份证签发机关为主要依据进行认定。

2. 免税购物金额、数量。离岛旅客(包括岛内居民旅客)每人每次免税购物金额暂定为人民币5000元以内(含5000元),即单价5000元以内(含5000元)的免税商品,每人每次累计购买金额不得超过5000元,购买免税商品数量范围详见附件。此外,旅客在按完税价格全额缴纳进境物品进口税的条件下,每人每次还可以购买1件单价5000元以上的商品。

四、离岛免税政策实施流程

离岛免税政策主要实施流程包括:离岛免税店进口免税商品,离岛旅客在店内选购付款,免税店根据旅客离岛时间运送货物,旅客在机场隔离区提货并乘机携运离岛等环节。

离岛免税政策试点监管办法由海关总署另行公布。

本公告自2011年4月20日起执行。

特此公告。

附件:离岛旅客每人每次购买免税商品数量范围

财政部

二〇一一年三月十六日

附件:

离岛旅客每人每次购买免税商品数量范围

商品品种名称	免税购买数量(件)
首饰	2
工艺品	2
手表	2
香水	2
化妆品	5

商品品种名称	免税购买数量(件)
笔	5
眼镜(含太阳镜)	2
丝巾	2
领带	2
毛织品	2
棉织品	2
服装服饰	5
鞋帽	2
皮带	2
箱包	2
小皮件	4
糖果	5
体育用品	2

注:1件商品是指具有单一、完整包装及独立标价的商品,但套装商品按包装内所含商品的实际件数计算。

关于在海南开展境外旅客购物离境退税政策试点有关问题的通知
财税〔2011〕10号

海南省财政厅:

为推进海南国际旅游岛建设,经国务院批准,决定在海南省开展境外旅客购物离境退税政策(以下简称离境退税政策)试点。现就试点工作的有关事项通知如下:

一、境外旅客购物离境所退税款按照现行增值税出口退税超基数部分负担机制,由中央财政和海南财政共同负担。

二、退税代理机构的手续费由海南财政负担。

三、海南省财政厅要牵头协调相关部门,按照职责分工,根据《财政部关于在海南开展境外旅客购物离境退税政策试点的公告》(中华人民共和国财政部公告 2010 年第 88 号)和《国家税务总局关于发布〈境外旅客购物离境退税海南试点管理办法〉的公告》(国家税务总局公告 2010 年第 28 号)实施离境退税政策,跟踪了解政策执行情况,加强对政策实施效果的分析,并及时将政策实施情况、效果以及存在的问题以书面形式上报财政部和国家税务总局。

四、本通知自 2011 年 1 月 1 日起执行。

财政部

二〇一一年二月十七日

后　记

　　本书是在我的博士后研究报告《中国旅游税收理论与税制改革问题研究》基础上进一步修改完善的成果。研究报告评审和答辩专家充分肯定的同时,也提出了一些中肯的意见。在吸收评审和答辩专家意见的基础上,做了进一步的修改,希望使研究报告更加完善。本书与博士后研究报告最大的区别是增加了旅游税收相关政策汇编的内容,方便读者查阅。

　　书稿的面世,必然要表达一下发自内心的感谢!感谢博士后合作导师夏杰长研究员给我提供了这个平台,让我在这里体会到了做研究和生活的快乐。夏老师渊博的知识、深刻的思想、严谨治学的态度、宽厚待人的风范、永不懈怠的精神,对我从事研究和我的生活都产生了很大的影响。在博士后研究报告的写作过程中,夏老师都给予了精心的指导。同时在生活上也给予了诸多关心和照顾。

　　感谢中国社会科学院财经战略研究院的领导和老师!各位领导和老师在博士期间就给我非常大的帮助和支持。在博士后期间,又一如既往地帮助我,尤其是我的博士导师高培勇老师,杨志勇老师、张斌老师、马珺老师、张德勇老师、冯静老师、汪德华老师、范建鏐老师等。在博士后研究工作期间,服务经济研究室的姚战琪老师、李勇坚老师、刘奕老师、张颖熙老师,在学习和生活上非常关心我、经常帮助我。与他们经常在一起讨论、交流,使我深受启发。

　　感谢在博士后研究期间,负责管理工作的聂永梅老师、刘胜军老师、朱宇辰老师热情周到、细致的工作,给我研究和生活提供了很多便利。感谢北京第二外国语学院的领导和老师及曾经帮助我和支持我的人!

　　最后,感谢研究报告的评审专家和答辩专家提出的宝贵修改意见。此外,本书受到北京市财政专项"专业建设—新专业建设—酒店管理"(编号:

354016)、教育部人文社科基金项目"多元目标约束下我国税制结构优化研究"(编号:13YJC790031)以及北京市教委面上项目"北京会展产业素质升级的影响因素分析及政策选择"(编号:375001)资助,在此一并致谢。

高凌江

2014年3月

责任编辑：果凤双

图书在版编目(CIP)数据

中国旅游税收理论与税制改革问题研究／高凌江著. -- 北京：旅游教育出版社，2014.8

（旅游管理前沿）

ISBN 978-7-5637-2964-7

Ⅰ.①中… Ⅱ.①高… Ⅲ.①旅游业—税收管理—研究—中国 ②旅游业—税收改革—研究—中国 Ⅳ.①F812.423

中国版本图书馆 CIP 数据核字(2014)第 132941 号

旅游管理前沿
中国旅游税收理论与税制改革问题研究
高凌江 著

出版单位	旅游教育出版社
地　　址	北京市朝阳区定福庄南里 1 号
邮　　编	100024
发行电话	(010)65778403 65728372 65767462(传真)
本社网址	www.tepcb.com
E - mail	tepfx@163.com
印刷单位	北京京华虎彩印刷有限公司
经销单位	新华书店
开　　本	787 毫米×960 毫米　1/16
印　　张	10.5
字　　数	125 千字
版　　次	2014 年 8 月第 1 版
印　　次	2014 年 8 月第 1 次印刷
定　　价	25.00 元

（图书如有装订差错请与发行部联系）